RUSSIAN TRANSLATION TRAINING

ПРАКТИКУМ ПО ПЕРЕВОДУ

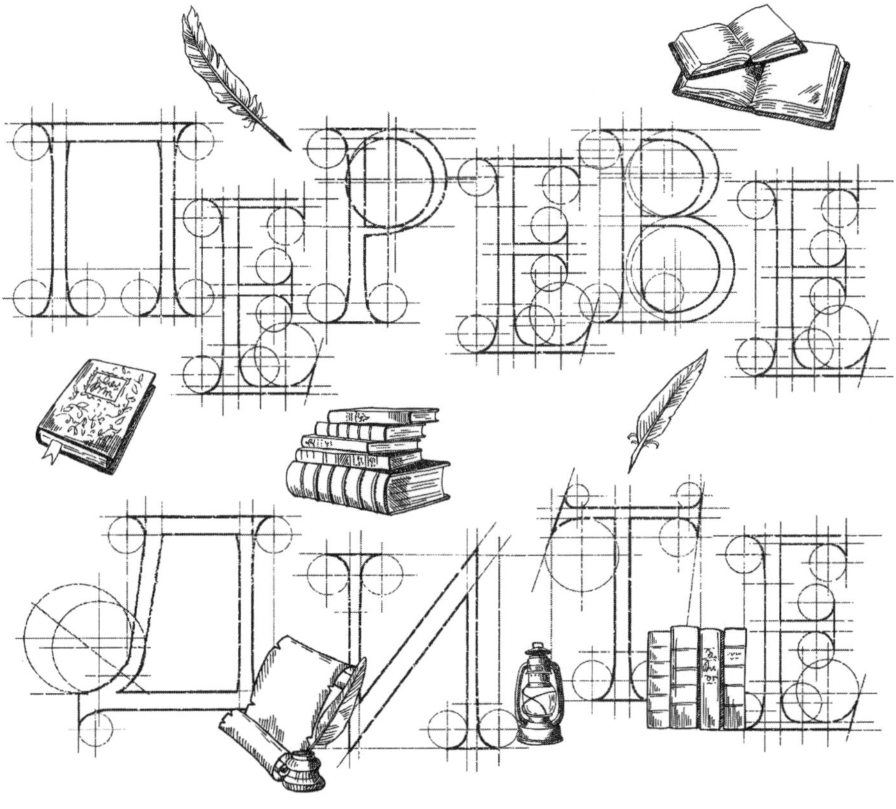

러시아어 번역 실습

박선진 지음

신아사

머리말

러시아어는 어려워요...

누군가 이렇게 말할 때면 나는 항상 이렇게 대답한다.

한국어가 더 어려워요.

그런데 이 어려운 러시아어와, 그보다 더 어려운 한국어를 모두 잘 해야지만 할 수 있는 것이 바로 러시아어 통·번역이다.

이 책을 훑어보고 있는 당신이 선택한 러시아어는 명실공히 가장 어려운 외국어 중 하나이다. 그러나 바로 그런 이유로 가장 대우받는 외국어 중 하나이기도 하다. 즉 배우는 동안은 쓰디쓰지만 향후 달콤한 통 · 번역료를 가져다주는 유망한 외국어인 것이다.

박사과정 시험들을 모두 만점으로 통과하고 박사논문 역시 심사위원단 만장일치로 통과했을 때, 그리고 토르플 4단계를 획득했을 때, 앞으로 이렇게 죽어라고 공부해야 할 일은 없을 거라 기대했었다.

2007년에 귀국하여 강의를 시작한 이후 지금까지 나는 거의 매일 무언가를 번역하고 있으며, 동시통역 부스가 편안하고 순차통역용 수첩에서 온기가 느껴질 정도로 자주 통역에 나가고 있다. 번역이야 원래 인간과 자판의 싸움이지만, 통역 또한 별반 다르지 않다. 통역의 준비는 모든 관련 자료의 번역이기 때문이다. 러시아어 통역 실력은 공고한 어휘 · 문법적 기반 위에서 행해지는 온갖 종류의 텍스트 번역에 달려 있다고 해도 과언이 아니다. 한 문장의 번역이 한 문단을 번역할 수 있는 실력을 키워주고, 한 문단을 번역할 수 있는 실력은 전 텍스트를 번역할 수 있는 실력을 만들어 주며, 귀가 트이고 입이 트인 사람이라 할지라도 이러한 번역 실력을 갖춘 사람만이 제대로 된 통역을 할 수 있다.

토르플 2, 3단계를 준비하는 분들의 경우 본 번역 실습서가 많은 도움이 될 것이라 생각한다. 문어체를 마스터하지 않고서는 절대로 고단계의 토르플을 통과할 수 없기 때문이다. 아울러 러시아 통·번역가를 준비하고 있는 분들도 본 번역 실습서를 통해 일정한 도움을 받을 수 있으리라 기대한다. 힘들어하는 학생들에게 자주 해주는 한 문장으로 머리말을 매듭짓고자 한다.

해 뜨기 전이 가장 어둡다. 그러니 가장 절망적일 때 가장 큰 희망을 품으라.

2019년 영암관에서

박선진

차례(Содержание)

러시아어 번역 실습

제1과

Текст песни

노래 가사

Миллион алых роз

Жил-был художник один

домик имел и холсты

Но он актрису любил

ту что любила цветы

Он тогда продал свой дом

продал картины и кров

И на все деньги купил

целое море цветов

Миллион миллион миллион

алых роз

Из окна из окна из окна

видишь ты

Кто влюблен кто влюблен кто влюблен

и всерьез

Свою жизнь для тебя превратит

в цветы

Утром ты встанешь у окна

может сошла ты с ума

Как продолжение сна

площадь цветами полна

Похолодеет душа

что за богач здесь чудит

А под окном чуть дыша

бедный художник стоит

Встреча была коротка

в ночь ее поезд увез

Но в ее жизни была

песня безумная роз

Прожил художник один

много он бед перенес

Но в его жизни была

целая площадь цветов

백만 송이 붉은 장미

한 화가가 살고 있었어
집과 캔버스들을 가지고 있었지
그런데 그는 여배우를 사랑했어
꽃을 좋아하던 여배우였지
그때 그는 집을 팔았어
그림들과 거처를 팔아 버렸지
그리고 그 모든 돈으로
바다만큼의 꽃을 샀다네
백만 송이 백만 송이 백만 송이
붉은 장미들
창가에서 창가에서 창가에서
그대는 보고 있구나
사랑에 사랑에 사랑에
심각하게 빠진 이는
그대를 위해서 자신의 삶을
꽃들로 바꿔버린다네

아침에 그대는 창가에 서겠지

헛것을 본다고 생각할지도 몰라

마치 꿈의 연속인 듯

광장이 꽃들로 가득하구나

가슴이 서늘해지겠지

도대체 어떤 부자가 여기에 이런 기적을?

그런데 창문 밑에는 숨도 제대로 못 쉬는

가난한 화가가 서있다네

너무나 짧은 만남이었지

그녀를 태운 기차는 밤에 떠나버렸어

하지만 그녀의 삶 속엔

장미들로 넘쳐나는 광기어린 노래가 있었다네

화가는 홀로 평생을 살았고

수많은 어려움을 겪었지

하지만 그의 삶 속엔

꽃들로 가득 찬 광장이 있었다네

제2과

Поздравительное слово

축사

Уважаемые дамы и господа!

Примите мои самые искренние поздравления по случаю юбилея университета ○○○.

Благодаря целеустремлённости, огромной созидательной энергии, творческому поиску, высокому профессионализму, умению бережно хранить заложенные традиции, Ваш коллектив неизменно добивается успехов в осуществлении самых смелых планов и идей. В своей научной, образовательной и исследовательской деятельности ваш университет работает на уровне лучших мировых стандартов. Университет предоставляет своим студентам самые широкие возможности для раскрытия интеллектуального и творческого потенциала, широкого выбора научной, профессиональной и общественной деятельности.

Позвольте выразить искреннюю благодарность за тесное плодотворное сотрудничество с Академией Художеств. Так как с 2011 года Ваше сотрудничество с учебными заведениями Академии Художеств сыграло немаловажную роль в системе художественного образования для динамичного развития наших учреждений.

Мы признательны за качественные знания, которые вы на протяжении многих лет даёте нашим студентам обучающимся у вас. Серьёзная теоретическая база, практические навыки и понимание сути образовательных процессов позволяют молодым специалистам быть эффективными и востребованными.

Уверен, лучшие традиции университета, профессиональный опыт, способность мыслить и действовать в соответствии с требованиями времени позволят вам стремиться к новым достижениям.

Уважаемый господин ректор! От академиков, и учреждений Академий Художеств желаем Вам и всему коллективу унвиреситета крепкого здоровья, больших жизненных успехов, неуёмной жизненной энергии и новых научных открытий. Счастья и процветания Вам и Вашим близким.

С глубоким уважением,

○○○

Председатель Академии Художеств

존경하는 신사 숙녀 여러분!

○○○대학교 개교기념일을 진심으로 축하드립니다.

목표를 향한 추진력, 거대한 창조력, 창의적 탐구심, 우수한 전문성, 축적된 전통을 정성스럽게 지켜내는 능력을 가지고 계시기에 여러분들은 대담하기 그지없는 계획과 아이디어들을 끊임없이 성공시켜가고 계십니다. 학술과 교육, 연구 분야에 있어서 ○○○대학교는 세계 최고의 기준들에 부합하는 높은 수준의 성과를 보여주고 있습니다. ○○○대학교는 지적 잠재력과 창조적 잠재력을 개발시키고, 학술적, 전문적, 사회적 활동을 폭넓게 선택할 수 있는 수많은 가능성을 학생들에게 제공하고 있습니다.

저희 예술원과의 긴밀하고 유익한 협력에 대해서도 진심 어린 감사를 표할 수 있도록 허락해 주시기 바랍니다. 2011년부터 지속되어 온 예술원 산하 교육기관들과 ○○○대학 간의 협력은 저희 교육기관들의 역동적 발전을 위한 예술교육체계 성립에 있어 중대한 역할을 했습니다.

여러분께서 이곳에서 공부하고 있는 저희 학생들에게 수년 동안 전해주셨던 양질의 교육에 대해서도 감사드리는 바입니다. 탄탄한 이론적 기반과 숙련된 기능, 교육과정의 본질에 대한 이해는 이 젊은이들이 더욱 유능하고 필요한 전문가로 성장할 수 있도록 도와줄 것입니다.

○○○대학교의 훌륭한 전통과 전문적 경험, 시대의 요구에 맞추어 사고하고 행동할 줄 아는 능력이 여러분들을 새로운 성과로 이끌어 줄 것이라고 확신합니다.

존경하는 총장님! 예술원 회원들과 산하 기관들을 대표하여 총장님과 ○○○대학교 구성원 모두가 건강과 성공, 넘치는 생명력, 그리고 새로운 학술적 성과를 얻게 되시기를 바랍니다. 여러분과 여러분 가족들의 행복과 번영을 기원합니다.

깊은 존경을 표하며,

예술원장 ○○○

제3과

Буклет косметики

화장품 광고지

Косметика эффективна и сертифицирована Администрацией по контролю за продовольствием и медикаментами Республики Корея

Насыщенное влагой лицо и светлая улыбка после утреннего умывания теперь сохраняются до вечера

Полезные для кожи активизирующие вещества, такие как комплексный травяной экстракт, глубинная морская вода, дериват витамина Е и т. п., отлично увлажняют и отбеливают сухую, чувствительную, усталую кожу.

Основной трехэтапный уход за кожей

Увлажняющий и отбеливающий тоник

Тоник увлажняет кожу, ставшую сухой после умывания, питая ее минеральными компонентами глубинной морской воды. Активизирующие вещества Гёноко, которые также входят в состав тоника, выравнивают поверхность кожи, тем самым приводя кожу в идеальное состояние.

Нанесите небольшое количество тоника на лицо, мягко похлопывая ладонями по коже лица до полного впитывания.

Увлажняющая и отбеливающая эмульсия

Эмульсия увлажняет кожу и сохраняет ее прозрачно-чистой, свежей, питая ее глубинной морской водой. Тем самым эмульсия помогает коже оставаться всегда молодой и красивой.

После применения сыворотки нанесите небольшое количество эмульсии на лицо и массируйте легкими движениями до полного впитывания.

Увлажняющий и отбеливающий крем

Полезные для кожи активизирующие вещества, такие как дериват витамина Е, сквален и т. п., создают тонкий защитный слой, который сохранит баланс кожи и увлажнит ее.

После применения эмульсии нанесите небольшое количество крема на лицо и массируйте легкими движениями до полного впитывания.

Сыворотка, прошедшая проверку эффективности отбеливания кожи и разглаживания морщин, проведенную Администрацией по контролю за продовольствием и медикаментами Республики Корея, в соединении с комплексным травяным экстрактом создает синергетический эффект.

Увлажняющая и отбеливающая сыворотка

Комплексный травяной экстракт, содержащийся в функциональной сыворотке, интенсивно питает кожу и отбеливает ее, в результате чего кожа становится светлой и сияющей. А также сыворотка превращает шероховатую безжизненную кожу в чистую и сияющую, делая вашу кожу влажной.

После применения тоника нанесите небольшое количество сыворотки на лицо и массируйте легкими движениями до полного впитывания.

Увлажняющая и разглаживающая сыворотка

Комплексные компоненты, содержащиеся в функциональной разглаживающей сыворотке, увлажняют и питают кожу, в результате чего шероховатая усталая

кожа становится эластичной и здоровой.
После применения тоника нанесите небольшое количество сыворотки на лицо, мягко похлопывая пальцами по коже лица до полного впитывания, начиная с того места, где появляются морщины.

Пена для умвания

Пена-скраб для умывания отшелушивает старые ороговевшие клетки кожи и глубоко очищает поры, оставляя ощущение свежести. Кроме того, комплексный травяной экстракт увлажняет и смягчает раздраженную кожу.

Нанесите небольшое количество пены-скраба на влажную ладонь, тщательно взбейте в пену и нанесите на лицо. А затем помассируйте, уделяя особое внимание области лба, носа, и подбородка, и смойте.

식품의약품안전처 인증 기능성 화장품

아침 세안 후의 촉촉함과 하얀 미소를 저녁까지 그대로

한방복합추출물, 해양심층수, 비타민E 유도체 등 피부에 좋은 활성물질이 건조하여 수분을 필요로 하는 피부, 민감한 피부, 지친 피부에 탁월한 보습과 미백기능을 발휘합니다.

기초 3종

수분 미백스킨

세안 후 건조해진 피부에 해양심층수의 풍부한 미네랄 성분이 수분을 공급해 촉촉하게 가꾸어 주며, 경옥고의 활성성분이 피부결을 정돈하여 최적의 피부상태로 만들어 주는 스킨입니다.

적당량을 취해 얼굴 전체에 고루 펴 바른 후, 손바닥을 이용해 가볍게 두드리며 흡수시켜 줍니다.

수분 미백로션

해양심층수가 피부에 필요한 수분을 공급하고, 피부를 맑고 촉촉하게 유지시켜 지친 피부를 생기 있게 가꾸어 주며, 항상 젊고 아름다운 피부를 유지하게 도와주는 로션입니다.

세럼 사용 후, 적당량을 취해 얼굴 전체에 고루 스며들도록 부드럽게 펴 발라줍니다.

수분 미백크림

비타민E 유도체 및 스쿠알란 등의 유효성분이 피부에 얇은 보호막을 형성, 피부밸런스를 유지하고 보습력을 강화해 주는 크림입니다.

로션 사용 후, 적당량을 취해 얼굴 전체에 고루 스며들도록 부드럽게 흡수시킵니다.

식품의약품안전처 미백 및 주름개선 기능을 검증받은 세럼과 한방복합추출물의 유효성분이 결합하여 시너지 효과를 창출합니다.

수분 미백 세럼

경옥고의 한방미용성분이 집중적인 영양공급과 미백 효과를 부여하여 피부를 화사하고 윤기 있게 관리해 줍니다. 또한 거칠고 생기 없는 피부에 수분을 공급하여 깨끗한 피부톤으로 가꾸어 주는 미백 기능성 세럼입니다.

스킨 사용 후, 적당량을 취해 얼굴 전체에 고루 스며들도록 부드럽게 펴 발라줍니다.

수분 주름개선 세럼

피부 친화력이 우수한 한방복합성분이 보습력을 유지시키고 피부 긴장감을 되찾아 주어 탄력 있는 피부결로 가꾸어 주며, 지속적인 영양공급으로 거칠고 지친 피부를 생기 있고 유연하게 가꾸어 주는 주름개선 기능성 세럼입니다.

스킨 사용 후, 적당량을 취해 노화와 주름이 생긴 부위부터 집중적으로 두드려 흡수시켜 줍니다.

클렌징폼

스크럽 세안제로 오래된 각질과 모공 속의 더러움까지 깨끗하게 제거해 산뜻한 느낌을 주는 한편, 한방복합추출물이 거칠어진 피부를 촉촉하고 부드럽게 가꾸어 주는 폼클렌징입니다.

물기가 있는 상태에서 손바닥에 적당량을 덜어 충분히 거품을 낸 후 T-zone 부위부터 부드럽게 문질러 전체적으로 세안합니다.

제4과

Извещение о приёме записи судебного дела

소송기록접수통지

Окружной суд г. ○○○
Второй уголовный отдел

Извещение о приёме записи судедного дела

○○○

Дело : 2016НО○○○ Кража с особо отягчающими обстоятельствами

Подсудимый : ○○○

Номер поспорта : ○○○-○○○

Суд первой инстанции : Окружной суд г. ○○○, 2016ГОДАН○○○ (2016ХЁНГЗЕ○○○)

Апеллянт : Подсудимый

Извещение о получении записи судебного дела от первого суда.

Апеллянт, который не написал причину апелляции на заявлении или не подал объяснительную записку, в которой написана причина апелляции, в пределах 20 дней, после получения этого извещения, должен подать объяснительную записку и её дубликаты (число противников + 2) в суд. Если в течение этого периода не предоставляется объяснительная записка, в соответствии с пунктом 1 статьи 361-4 уголовного права производится отказ в апелляции.

2016. ○○○

Секретарь суда ○○○

Внимание!

1. Срок на подачу объяснительной записки исчисляется с даты получения этого извещения, а не с даты назначения частного адвоката.
2. Обвинитель может подать ответ и её дубликаты (число противников + 2) в суд в пределах 10 дней, после получения дубликата объяснительной записки апеллянта.
3. В документе, который подается в суд, должен быть написан номер дела.

   Чтобы узнать о ходе данного дела, позвоните по телефону 1588-9100, введя нижеследующую комбинацию (1+9+○○○+*).

   С датой проведения слушания и др. информацией можно ознакомиться на сайте Верховного Суда: www.scourt.go.kr

   Прочие детали можно узнать через секретаря суда ○○○, который работает во втором уголовном отделе Окружного суда г. ○○○ по тел. ○○○ (1 корпус, 4 этаж, подразделение по уголовным делам; адрес суда: ○○○)

○○○지방법원
제2형사부

소송기록접수통지

○○○ 귀하

사 건	2016노○○○ 특수절도
피 고 인	○○○
주민등록번호	○○○-○○○
원 심	○○○지방법원 2016고단○○○(2016형제○○○)
항 소 인	피고인

1. 위 사건에 관한 소송기록을 원심법원으로부터 송부 받았으므로 이를 통지합니다.
2. 항소인은 이 통지서를 받은 날로부터 20일 안에 항소이유서 1통과 그 부본(상대방의 수 + 2통)을 이 법원에 제출하여야 합니다. 다만, 항소인이 항소장에 항소이유를 적었거나 이 통지서를 받기 전에 항소이유서를 제출한 경우에는 다시 제출할 필요가 없습니다. 만약 위 기간 안에 항소이유서를 제출하지 않으면 형사소송법 제361조의4 제1항에 따라 항소가 기각됩니다.

2016. ○○○

법원사무관 ○○○

◇ 유의 사항 ◇

1. 피고인에게 통지된 이후 사선변호인이 선임된 경우에도 항소이유서 제출기간은 피고인이 통지를 받은 날을 기준으로 합니다.
2. 피항소인은 항소인의 항소이유서 부본을 받은 날로부터 10일 안에 답변서 1통과 그 부본 (상대방의 수 + 2통)을 이 법원에 제출할 수 있습니다.
3. 법원에 제출하는 서류에는 사건번호를 기재하시기 바랍니다.

※ 사건진행에 관한 안내 자동응답전화(ARS) : 지역번호 없이 ☎ 1588-9100입니다. 바로 청취하기 위해서는 안내음성에 관계없이 '1'+'9'+[열람번호 ○○○]+'*'를 차례로 누르시면 곧바로 안내를 받을 수 있습니다.

※ 대법원 홈페이지(www.scourt.go.kr)를 이용하시면 재판기일 등 각종 정보를 열람할 수 있습니다.

※ 문의사항 연락처 : 지방법원 제2형사부

법원사무관 ○○○

직통전화 : ○○○[1관 4층, 형사합의과]

법원소재지 : ○○○

제5과

Обвинительный акт

공소장

Местная прокуратура г. ○○○

Дело: ○○○ 2017 г.

№ дела: ХЁНГЗЕ○○○ 2017 г.

Адресат: Окружной суд г. Тэгу

Адресант:

Прокурор ○○○ /подпись/

Обвинительный акт

выдвигается обвинение по нижеследующему:

I. Сведения о подсудимых

Подсудимый: ○○○ ○○○

(○○○-○○○),

31 год

Профессия: строитель

Проживание: неизвестно

Гражданство: Россия

Вид преступления: сексуальное домогательство, нарушение работы заведения

Статьи обвинения: 298 статья, 1 пункт 314 статьи, 37 статья, 38 статья уголовного кодекса, 2 пункт 16 статьи, 1 пункт 47 статьи, 1 пункт 49 статьи специального закона о сексуальном домогательстве, 2 часть 1 пункта 49 статьи, 2 часть 1 пункта 50 статьи закона о защите детей и несовершеннолетних от сексуальных домогательств

Дата заключения ○○○ 2017 года (дата ореста: ○○○ 2017 года).

Адвокат ○○○ (государственный адвокат)

II. Обвинительные факты

Подсудимый является нелегально проживающий на территории респ. Корея.

1. Сексуальное домогательство

○○○ 2017 года в 4 часа 56 минут в магазине 24 часа CU, который находится по адресу ○○○, посудимый внезапно обнял потерпевшую ○○○ (женщина, 25 лет), которая работает в этом же магазие, тянул ее правую руку и потрогал своими руками, попытался поцеловать тыльную сторону ее ладони.

Таким образом посудимый домогался потерпевшую.

2. Нарушение работы заведения

○○○ 2017 года примерно в 4 часа 15 минут в вышеупомянутом магазине 24 часа CU, подсудимый, спрашивая потерпевшую «У тебя есть парень? Носишь кольцо? Давай вместе выьем.», несколько раз предлагал пыпить. Когда пришли милиционеры по вызову потерпевшей и попросили выйти, подсудимый сопротивлялся, держа стол кассы, и спросил «Носишь кольцо? Давай завтра покатаемся, ОК?». Потом, как изложено в первом пункте, внезапно обнял потерпевшую, тянул ее руку. Подсудимый хулиганил до 5 часов 4 мунут, тем самым помешал другим клиетам расплачиваться на кассе магазина.

Таким образом подсудимый своей силой помешал работе магазина.

Ш. Приложения

Справка о задержании на месте преступления в 1-м экземпляре

Ордер на арест (для задержанного подозреваемого) в 1-м экземпляре

Удостоверение о приёме подозреваемого в 1-м экземпляре

Решение об определении государственного адвоката в 1-м экземпляре

Справка о невладении подсудимого корейским языком в 1-м экземпляре

○○○지방검찰청

2017. ○○○

사건번호 2017년 형제○○○호

수 신 자 ○○○지방법원 발신자

검 사 ○○○ (인)

제 목 공소장

아래와 같이 공소를 제기합니다.

I. 피고인 관련 사항

피고인 ○○○ (○○○-○○○), 31세

직업 건축업,

주거 불상

등록기준지 외국 러시아

죄명 강제추행, 업무방해

적용법조 형법 제298조, 제314조 제1항, 제37조, 제38조, 성폭력 범죄의 처벌 등에 관한 특례법 제16조 제2항, 제47조 제1항, 제49조 제1항, 아동·청소년의 성보호에 관한 법률 제49조 제1항 제2호, 제50조 제1항 제2호. 구속 여부 2017. ○○○ 구속 (2017. ○○○ 체포)

변 호 인 국선변호사 ○○○

II. 공소사실

피고인은 러시아 국적의 불법체류자이다.

1. 강제추행

피고인은 2017. ○○○ 04:56경 ○○○에 살고 있는 피해자 ○○○ (여, 25세)가 종업원으로 일하는 CU편의점에서 피해자를 갑자기 양팔로 피해자를 끌어안고, 손으로 피해자의 오른손을 잡아당겨 양손으로 만지고, 입으로 피해자의 왼쪽 손등에 뽀뽀를 하려고 하였다.

이로써 피고인은 피해자를 강제추행 하였다.

2. 업무방해

피고인은 2017. ○○○ 04:15경 위 CU편의점에서 그곳 카운터에서 영업을 하고 있던 위 피해자에게 "남자친구가 있느냐, 반지가 있느냐, 술을 같이 마시자"라고 말하면서 수차례 술을 권유하여 이에 피해자의 신고로 현장에 출동한 경찰관이 피고인에게 '밖으로 나가달라'고 요청을 하자 그곳 카운터 책상을 붙잡고 버티면서 피해자에게 "반지가 있느냐, 내일 드라이브 오케이"라고 말한 후 위 제1항 기재와 같이 갑자기 피해자를 끌어안고 피해자의 손을 잡아당기는 등 같은 날 05:04경까지 행패를 부려 그곳에서 물건을 구입하려는 불특정 다수의 손님들이 값을 치르기 어렵게 하였다.

결국 피고인은 위력으로써 피해자의 편의점 영업을 방해하였다.

Ⅲ. 첨부

현행범인 체포서 1부

구속영장(체포된 피의자용) 1부

피의자 수용증명 1부

국선변호인 선정결정서 1부

외국인 피의자 국어사용 여부 조사보고서 1부

제6과

Постановление президента

대통령령

ПОСТАНОВЛЕНИЕ
ПРЕЗИДЕНТА РЕСПУБЛИКИ ○○○
О СОЗДАНИИ УНВЕРСИТЕТА ○○○
В ГОРОДЕ ○○○

В целях подготовки квалифицированных кадров с высшим образованием в сфере строительства, архитектуры, электротехники и других востребованных направлениях в соответствии с общепризнанными международными требованиями и стандартами, а также задачами, определенными Стратегией действий по пяти приоритетным направлениям развития Республики ○○○ в 2017 — 2021 годах:

1. Принять предложение Министерства высшего и среднего специального образования, Министерства финансов Республики ○○○ и Университета ○○○ (Республика Корея) о создании Университета ○○○ в городе ○○○ (далее — Университет).

2. Определить основными направлениями деятельности Университета:

подготовку высококвалифицированных кадров в

сфере строительства, архитектуры, электротехники, экономики и других востребованных направлениях образования в соответствии с перспективами социально-экономического развития страны;

разработку и внедрение новых образовательных программ и форм обучения, направленных на совершенствование и модернизацию системы подготовки кадров в сфере строительства, архитектуры, электротехники, экономики и других востребованных направлениях образования;

развитие системы подготовки специалистов и научных кадров на основе принципа непрерывности и преемственности образования и науки, а также интеграции в мировое образовательное и научное сообщество;

осуществление научно-исследовательской деятельности в сфере строительства, архитектуры, электротехники, экономики и других востребованных направлениях образования с учетом имеющихся проблем и потребностей рынка труда;

поддержку развития педагогического потенциала, активное совершенствование педагогических методов и технологий обучения;

развитие и укрепление долгосрочных отношений с ведущими образовательными учреждениями, научно-исследовательскими центрами зарубежных стран, прежде всего Республики Кореи, в образовательной и научно-технической сферах.

3. Принять к сведению, что Университет ○○○ (Республика Корея) содействует:

внедрению в учебный процесс Университета передовых педагогических и информационных технологий, новейших достижений науки и техники;

повышению квалификации специалистов и переподготовке профессорско-преподавательского состава Университета, в том числе за рубежом;

формированию и пополнению библиотечного фонда Университета современной учебной, учебно-методической и научно-технической литературой, в том числе с предоставлением возможности пользования ресурсной базой Университета ○○○ (Республика Корея), созданию современного информационно-ресурсного центра.

4. Определить, что:

Университет является высшим образовательным

учреждением со статусом юридического лица, осуществляющим подготовку, повышение квалификации и переподготовку специалистов всех уровней, включая подготовку научно-педагогических кадров, по согласованным основным направлениям (специальностям) обучения с учетом потребности в кадрах;

прием абитуриентов и аттестация выпускников Университета осуществляются в соответствии с требованиями, порядком и сроками, устанавливаемыми Университетом ○○○ (Республика Корея) по согласованию с Министерством высшего и среднего специального образования Республики ○○○;

Университет осуществляет образовательную деятельность на основе учебных планов и программ Университета ○○○ (Республика Корея) с учетом требований законодательства Республики ○○○ в сфере образования;

выпускникам Университета по его окончании выдается диплом установленного образца Университета ○○○(Республика Корея), который признается документом о высшем образовании в Республике ○○○;

финансирование Университета осуществляется за счет средств, поступающих за обучение студентов на платно-контрактной основе, доходов от хозяйственной деятельности и оказания услуг на договорной основе, благотворительных пожертвований юридических и физических лиц, средств технического содействия (грантов), предоставляемых заинтересованными организациями, а также иных источников, не запрещенных законодательством;

организация приема в Университет в 2019/2020 учебном году, в том числе ремонтно-строительные работы по подготовке зданий и сооружений к началу учебного года, разработка и адаптация учебных программ, приобретение учебных и научных лабораторий, создание необходимых информационно-коммуникационных систем обучения, а также отбор профессорско-преподавательского состава осуществляются за счет средств Государственного бюджета Республики ○○○.

5. Установить порядок, в соответствии с которым:

для студентов — граждан Республики ○○○, принятых на учебу в 2019/2020 и 2020/2021 учебных годах, до окончания ими Университета предоставляется государственная поддержка в виде оплаты за счет Государственного бюджета Республики ○○○ части суммы контракта, превышающей размер стоимости обучения по соответствующим направлениям образования в других государственных высших образовательных учреждениях республики (далее — государственная поддержка), за исключением случаев оплаты контракта юридическими лицами — потенциальными работодателями;

выпускники Университета, которым предоставлена государственная поддержка, подлежат распределению на работу с условием отработки не менее трех лет в государственных организациях республики по специальности.

Президент Республики ○○○

○○○

г. ○○○,

○○○ 2018 г.,

No. ПП-○○○

ㅇㅇㅇ시(市) ㅇㅇㅇ대학교 설립에 관한 대통령령

건설, 건축, 전기공학, 그 외 국제적인 요구사항과 표준화 그리고 2017-2021년 ㅇㅇㅇ의 다섯 가지 최우선 발전 계획의 실행 전략 과제에 따라 요구되는 (전문)분야에서의 고등교육을 통한 전문 인력 양성을 목적으로 한다.

1. ㅇㅇㅇ대학교(이하-대학교) 설립에 관한 ㅇㅇㅇ 고등중등 특수교육부와 재정부, ㅇㅇㅇ대학교(대한민국)의 제안을 받아들일 것

2. 대학교 운영의 주요 방향을 다음과 같이 정할 것:
 건설, 건축, 전기공학, 경제 및 그 외 국가의 사회경제 발전 전망에 맞추어 필요한 교육 분야에서의 우수한 자격을 갖춘 인력 양성;
 건축, 전기공학, 경제 및 그 외 필요한 교육 분야에서의 인력 양성 시스템 개발과 개선을 위한 새로운 교육프로그램 및 학습 형태 개발과 도입;
 교육과 학술연구의 영속성과 지속성, 세계적인 수준의 교육적, 학술적 공통체 통합을 기초로 하는 전문가 및 연구인력 양성 시스템 개발;
 건축, 전기공학, 경제 및 노동시장의 현존하는 문제들과 요구사항들을 고려해 필요한 교육 분야에서의 학술연

구활동 수행;

교육적 잠재력 발전을 위한 지원, 교수법 및 교육기술의 적극적인 개선;

외국의 선두적인 교육기관 및 학술연구센터들과, 최우선으로는 대한민국과의 교육, 학술연구 분야에서 장기적인 관계 발전 및 강화.

3. ○○○대학교(대한민국)의 협력 내용은 다음과 같음을 참고할 것:

선진 교육과 정보기술, 학문과 기술의 최신 성과들을 대학교의 교과과정에 도입;

전문가 자격 향상과, 대학교 교원 인력의 국내 재교육 및 해외 재교육;

현대적인 교육 및 교수법 관련 서적, 과학기술 서적 및 ○○○대학교(대한민국)의 문헌자료 사용 허가를 부여받아 대학교의 도서관 조성 및 확충, 최신 정보지원센터 설치

4. 다음과 같이 정할 것:

대학교는 인적자원의 필요성을 고려하여 협의한 교육의 주요 방향(전공분야)에 따라, 학술연구교육인력 양성을 포함한, 모든 수준의 전문가 양성과 자격 향상 및 재교육을 수행하는 법적 지위를 가진 고등교육기관이다;

대학교의 입학생 모집과 졸업생 인증은 ○○○대학교(대한민국)가 ○○○ 고등 중등교육부와의 합의하에 정한 자격요건, 절차 및 기간을 준행하여 수행한다;

대학교는 ○○○의 교육 분야 관련 법규에 따라, 아주대학교(대한민국)의 교육 계획과 프로그램을 기본으로 한 교육 활동을 수행한다;

대학교의 교육과정을 수료하는 졸업생에게는 ○○○ 내에서의 고등교육과정 수료증명서로, ○○○대학교(대한민국)가 정한 형식의 학위가 수여된다;

대학교의 재정은 자비 등록(계약 기반의) 학생들의 수업료, 상업 활동 및 계약 기반의 서비스 제공으로 발생하는 수익, 법적 단체와 개인의 자선 기부, 기술적 지원이나(장학금, 연구비)나 유관기관으로부터 제공받은 자금 및 기타 법적으로 금하지 않은 출처의 자금으로 이루어진다;

2019/2020학년도 대학 입학 모집 준비, 개강 전 건물과 시설 준비를 위한 보수공사, 교육프로그램 개발과 적용, 교육과 연구 실습실 확보, 필수적인 교육용 정보통신시스템 구축 및 교원 선발은 ○○○의 정부 예산 자원으로 실행한다.

5. 다음에 관한 규칙을 정할 것:

2019/2020학년도와 2020/2021학년도에 입학하는 ○○

○ 국적의 학생들은 졸업 전까지 해당국 내의 타 국립 고등교육기관들의 통상적인 교육비용을 초과하는 금액에 대해 일부를 ○○○ 공화국 정부 예산으로 납부하는 형태로 정부의 지원(이하 정부 지원)을 받는다. 단, 법인 단체(잠재적 고용주)의 지원금을 받는 학생은 제외된다; 정부 지원을 받는 대학교의 졸업생들은 전공에 따라 공화국 정부기관에서 최소 3년간 근무해야 한다.

○○○ 대통령

○○○

○○○시(市)

2018년 ○○○

No. PP-○○○

제7과

Текст для выступления

연설문

За прошедший 20-летний короткий исторический период наши страны, начав практически с нуля, смогли построить прочный фундамент российско-корейских отношений, которые охватывают все без исключения области и уверенно выходят на самый высокий уровень сотрудничества стратегическое партнерство. Не останавливаясь подробно на политическом и торгово-экономическом взаимодействии, отмечу, что сегодня отношения с Республикой Корея являются одним из наших главных приоритетов в Азиатско-Тихоокеанском регионе, и можно с уверенностью утверждать, что в XXI столетии России и Южной Корее предстоит совместно решать немало больших и сложных задач. Партнерство и сотрудничество с Республикой Корея имеет для нашей страны самостоятельную ценность, прежде всего, в плане создания системы многосторонней безопасности в Северо-Восточной Азии.

Общность или близость позиций России и РК по ключевым проблемам, стоящим сегодня перед международным сообществом, таким как построение равноправного многополюсного мирового порядка при центральной роли ООН, неприятие диктата в межгосударственных отношениях, нераспространение оружия массового поражения, обеспечение глобальной энергетической, экологической и продовольственной безопасности, создают хорошую основу для взаимодействия наших двух государств в ООН и на других международных форумах.

Сегодня между нашими странами активно развивается политический диалог. К настоящему времени создана разветвленная договорно-правовая база двустороннего сотрудничества: за прошедшие 20 лет заключено более 50 важных межправительственных и межведомственных соглашения.

Солидный потенциал для дальнейшего поступательного развития имеет российско-южнокорейское торгово-экономическое сотрудничество. В условиях глобального финансового кризиса и ухудшения мировой экономической конъюнктуры нам, к сожалению, не удалось избежать спада двусторонней торговли в 2009 году. Товарооборот между нашими странами снизился до 10 млрд.долларов США, сократившись на 44,8 % по сравнению с рекордным 2008 годом, когда он практически достиг отметки в 20 млрд. долларов. Однако, в 2010 г. Москве и Сеулу удалось преодолеть негативное влияние кризисных явлений прошлого года. За первые 7 месяцев нынешнего года двусторонний товарооборот вырос по сравнению с тем же периодом 2009 года на 88,5 процентов, составив 9,5 млрд. долларов США.

Наращиваются масштабы инвестиционного сотрудничества. Общая сумма накопленных южнокорейских инвестиций в российской экономике по состоянию на 1 июля 2010 года составила 1 млрд. 510 млн. долларов США. Только в прошлом году южнокорейские инвесторы вложили в российскую экономику 323 млн. долларов США.

Богатая история нашей страны, нашедшая отражение в литературе, живописи, музыке и киноискусстве, насыщена разнообразными, в том числе трагическими событиями. Достаточно сказать, что за победу во второй мировой войне над гитлеровским фашизмом и японским милитаризмом, 65-летие окончания которой мы отметили в этом году, народы бывшего Советского Союза заплатили огромную цену, потеряв 28 млн. жизней солдат и мирных граждан. Уверен, что в Корее, также пережившей много горя и бед, хорошо понимают наши чувства.

Хотя Россию часто называют европейской страной, две трети ее территории расположено в Азии. Именно евразийский характер нашей страны во многом определил и главные особенности нашей культуры.

С большим удовлетворением хочу отметить, что корейцы высоко оценивают российские достижения в области культуры и искусства. Огромной популярностью в вашей стране пользуются произведения наших писателей Толстого, Достоевского, Чехова; композиторов Чайковского, Глинки, Рахманинова, Прокофьева, Шостаковича. Регулярные выступления в Корее артистов оперы и балета Большого театра, Мариинского театра и других всемирно известных российских творческих коллективов во многом способствовали выходу на международный уровень балета, классической музыки и сольного пения Республики Корея. В равной степени гастроли в России ведущих корейских исполнительских коллективов позволяют получить более глубокое и полное представление о южнокорейском искусстве и ваших национальных традициях.

Хорошо известно, что культурные обмены являются особой формой дипломатии, способствующей сближению между народами наших стран. В 2009 году министрами культуры России и Республики Корея была подписана Программа двустороннего культурного сотрудничества на 2009-2011 гг. на некоммерческой основе. В соответствии с этим документом осуществляются регулярные обмены делегациями деятелей культуры, поддерживаются тесные контакты в области кино, театрального искусства, музейного и библиотечного дела, решаются задачи укрепления межрегиональных культурных связей.

В нынешнем году наши страны проводят Фестиваль российской культуры в РК и Фестиваль корейской культуры в России в рамках торжественных мероприятий по случаю юбилея двусторонних дипломатических отношений.

В мае с.г. нами были организованы две кинонедели, где корейские зрители смогли увидеть лучшие киноленты советских и современных режиссеров «Летят журавли», «Горячий снег», «А зори здесь тихие» и другие. Кинопросмотры посетили более пяти тысяч зрителей, значительная часть которых - южнокорейские студенты, изучающие Россию и планирующие в дальнейшем работать в сфере российско-корейского сотрудничества.

В октябре в рамках Пусанского международного кинофестиваля демонстрировались 6 российских кинолент известных российских кинорежиссеров.

В ноябре с.г. в Центре искусств «Арам нури» выступала балетная труппа Мариинского театра. Оперная труппа Михайловского театра Санкт-Петербурга гастролировала в Тэгу, а Государственный оркестр Татарстана и всемирно известный Мариинский театр Санкт-Петербурга в Пусане.

Важнейшим средством нашего культурного взаимодействия является язык. В последние годы в России корейский язык стал одним из наиболее популярных восточных языков, который преподается в школах и вузах в Москве, Санкт-Петербурге, Владивостоке, Южно-Сахалинске и других городах. Ежегодно более 300 российских студентов проходят стажировку в Корее. В наших университетах обучается около 2 тыс. корейских студентов, для лучших из которых наше правительство ежегодно выделяет 25 бесплатных грантов.

С удовлетворением отмечаю, что и изучение русского языка, литературы и в целом России хорошо организовано в 32 ведущих университетах РК, включая ○○○университет. Более 10 средних общеобразовательных учреждений с углубленным изучением иностранных языков, в том числе в отдаленных провинциях, предоставляют юному поколению вашей страны хорошие возможности еще в школьном возрасте познавать Россию. В августе с.г. совместно с университетом «○○○» был проведен конкурс русского языка среди учащихся таких

школ, результаты которого свидетельствуют о высоком уровне их знаний.
Повышенное внимание в Республике Корея привлекли состоявшиеся в нынешнем году Международная конференция славистов и Корейско-Российская международная конференция «Поиск путей развития двустороннего сотрудничества в 21 веке».

Дорогие друзья, уверен, что наши совместные усилия по углублению взаимопонимания на уровне гражданских обществ двух стран будут способствовать дальнейшему расширению двустороннего партнерства и росту как в России, так и в РК числа граждан, которые изберут делом своей жизни укрепление дружбы и взаимопонимания между нашими странами.

Благодарю за внимание.

역사적으로 볼 때 짧은 기간인 20년 동안 러시아와 한국은 아주 기본부터 시작하여 예외 없는 모든 부문에서 전략적 동반자 관계라는 높은 수준을 이뤄내고 있는 러·한 관계의 튼튼한 토대를 마련했다고 생각합니다. 양국의 정치관계와 경제무역관계 현황을 자세히 소개하지는 않겠습니다만, 오늘 날 한국과의 관계는 러시아의 대 아태지역 정책에서 주요 우선 과제인 만큼 21세기 러시아와 한국은 수많은 중대 과제를 공동으로 해결해 나가야 할 것 입니다. 대한민국과의 파트너십과 협력은 러시아에게 있어 독자적인 가치를 지닙니다. 우선적으로 동북아 다자 안보 체제 구축 면에서 그렇습니다.

한국과 러시아의 입장은 오늘날 국제사회가 맞닥뜨린 여러 주요 사안에서 공통성과 유사성을 보이고 있습니다. 그 중에는 유엔의 중심적인 역할 아래 평등에 기초한 다극적 세계 질서 구축, 국제 관계에서의 독재행위 불용, 대량살상무기 확산금지, 글로벌 에너지, 환경, 식량 안보 보장 등이 있으며, 이러한 공통성과 유사성은 우리 양국이 유엔 및 다른 국제 포럼들에서 협력하는 좋은 토대를 만들고 있습니다.

오늘날 우리 양국 간에는 정치적 대화가 활발하게 이루어지고 있습니다. 현재까지 상호 협력의 다양한 법적 기반이 조성되었습니다. 지난 20년 간 정부 및 관청 간 중요 협정이 50개 이상 체결되었습니다.

향후 상당히 발전할 것으로 보이는 분야는 한러 경제통상협력입니다. 세계금융위기와 세계 경제 상황 악화라는 악조건 속에서 유감스럽게도 2009년 양국 교역량은 감소를 피하지 못했습니다. 교역량 규모가 100억 달러까지 감소했으며, 200억 달러를 기록했던 2008년에 비해 44.8% 하락했습니다. 하지만 2010년 모스크바와 서울은 작년의 경제위기가 남긴 부정적 영향을 극복해냈습니다. 2010년 7월 말까지의 양국 교역량은 2009년 같은 기간 보다 88.5% 증가하여 95억 달러에 달하게 되었습니다.

투자 협력 역시 규모가 증가하고 있습니다. 대러 한국 투자 총액은 2010년 7월 1일 기준으로 15억 1천만 달러입니다. 한국 투자자들이 러시아에 투자한 돈은 작년 한 해 동안만 3억 2천 3백만 달러에 달합니다.

문학, 미술, 음악, 영화에 반영되기도 하는 러시아의 풍부한 역사는 비극을 포함하는 다양한 사건들로 넘쳐납니다. 올해 65주년을 맞이한 제2차 세계 대전에서 히틀러의 파시즘과 일본의 군국주의에 맞서 승리를 거두기 위해 구 소비에트 연방 국민들이 2천 5백만 명에 달하는 군인과 민간인의 죽음이라는 엄청난 대가를 치러야 했었음을 말하는 것만으로도 충분할 것입니다. 한국인들 역시 많은 슬픔과 고난을 겪었기에 저희의 감정을 잘 이해하리라고 확신합니다.

러시아가 유럽 국가라고 자주들 말하지만, 러시아 영토의 3분의 2는 아시아에 위치하고 있습니다. 바로 이러한 러시아의 유라시아적 성격이 러시아 문화의 주요 특성을 대부분 규정하고 있습니다.

한국인들이 문화와 예술 분야에서 러시아가 이룩한 성과들을 높게 평가한다는 점을 말씀드릴 수 있어서 매우 기쁩니다. 러시아 작가인 톨스토이, 도스토예프스키, 체호프, 그리고 작곡가인 차이콥스키, 글린카, 라흐마니노프, 프로코피예프, 쇼스타코비치의 작품은 한국에서 인기가 굉장히 많습니다. 볼쇼이 극장의 오페라단과 발레단, 그리고 마린스키 극장과 기타 세계적으로 유명한 러시아 예술단들이 한국에서 정기적으로 가졌던 공연들이 한국의 발레, 클래식 음악, 성악이 국제적 수준으로 발전할 수 있도록 하는데 많은 영향을 끼쳤습니다. 마찬가지로 한국의 주요 예술단들이 러시아에서 가졌던 공연들이 한국의 예술과 전통문화를 깊게, 제대로 알 수 있도록 했습니다.

문화교류가 우리 양국 국민의 화합을 촉진시키는 외교의 특수형태라는 것은 잘 알려져 있습니다. 2009~2011 비영리 상호 문화 협력 프로그램에 서명했습니다. 이에 따라 문화대표단들의 정기 교류가 실현되고 있으며, 영화, 연극, 박물관, 도서관 관련 분야에서 긴밀한 교류가 이루어지고 있고, 양국의 지역 간 문화 교류 강화라는 과제도 해결되고 있습니다.

또한 금년에 양국은 러한 수교 20주년을 맞아 한국에서는 러시아문화 축제가, 러시아에서는 한국문화 축제가 진행되고 있습니다.

지난 5월에 저희는 두 번의 영화 주간을 주최하여 한국 관객들이 소비에트와 러시아 현태 감독들의 가장 훌륭한 작품들을 관람하실 수 있도록 했으며, '학이 난다', '뜨거운 눈', '이곳의 여명은 고요하다네' 등의 영화가 상영되었습니다. 총 관람객이

5000명을 넘었으며, 그 중 대다수는 러시아를 공부하고 있으며, 향후 한러 협력 분야에서 일하고 싶어 하는 한국 대학생들이었습니다. 10월에 부산국제영화제에서 러시아 유명 감독들의 영화 6편이 상연되었습니다.

금년 11월에는 아람누리 아트센터에서 러시아 마린스키 발레단의 공연이 상연되었으며, 러시아 상트페테르부르크 미하일롭스키 오페라단은 대구에서, 러시아 국립 타타르스키 오케스트라와 세계적으로 유명한 러시아 상트페테르부르크 마린스키 발레단은 부산에서 공연을 가졌습니다.

양국 간 문화적 협력의 중요한 부분은 언어입니다. 최근 한국어는 러시아에서 가장 인기있는 동양어 중 하나가 되었으며, 모스크바, 상트페테르부르크, 블라디보스토크, 유즈노사할린스크에서 배울 수 있습니다. 매년 한국에서 유학을 하는 러시아 대학생들의 수는 300명이 넘습니다. 러시아 대학에는 약 2000명의 한국 학생들이 재학하고 있습니다. 매년 러시아 정부는 우등생 25명에게 국비 장학금을 지급하고 있습니다.

기쁜 사실은 러시아어문학 및 러시아 전체에 대한 연구가 ㅇㅇㅇ대학교를 비롯한 한국 32개 선두 대학들에서 잘 조직되어 있다는 것입니다. 특히 멀리 떨어져 있는 지방들을 포함하는 10개 이상의 외고들에서도 학생들이 러시아를 어릴 때부터 배울 수 있도록 좋은 기회를 제공해 주고 있습니다. 또한 금년 8월에는 ㅇㅇㅇ대학교와 공동으로 러시아어 대회가 진행되었는데, 그 결과는 이 학생들의 높은 지식 수준을 증명하고 있습니다.

한국에 대한 높은 관심은 올해 개최된 슬라브학자 국제 학술대회와 한러 국제 학술대회인 '21세기 양자협력 증진 방안 모색'을 성사시켰습니다.

존경하는 여러분, 상호이해 증진을 위한 양국 민간단체선에서의 공동노력이 양자협력의 향후 발전을 촉진시킬 것이라고, 또한 양국의 우호와 상호이해 강화를 인생의 목표로 삼는 이들의 수가 러시아와 한국에서 증가하게 될 것이라고 확신하는 바입니다.

경청해 주셔서 감사합니다.

제8과

Научный доклad

학술발표문

Архаический пласт сюжета дастана «Алпамыш» сложился в VI-VIII вв. среди тюркских племен горного Алтая в виде «богатырской сказки», т.е. сказки о богатыре и служил основой для создания алтайского героического эпоса «Алып-Манаш». В связи с историко-этническими процессами IX-X вв., т.е. с переселением огузских племен, проживавших в предгорьях Алтая по низовьям Сырдарьи, этот эпический сюжет дошел до обширной территории Приаралья и стал развиваться как эпос, отражающий общественно-бытовой уклад и художественно-эстетические взгляды кунградцев. Таким образом, «с переселением многочисленных тюркских племен и народностей в Среднюю Азию в караханидскую эпоху произошло смешение их эпоса с эпосом коренного тюркского населения и с остатками древнего эпоса, в результате чего и возник в X-XI вв. узбекский героический эпос «Алпамыш».

Данная научная гипотеза, связывающая генезис сюжетных основ дастана "Алпамыш" с древними эпическими традициями, распространенными в предгорьях Алтая, доказывают, что общность некоторых традиционных мотивов героического эпоса узбекского, якутского, алтайского, монгольского, корейского и других народов

Центральной Азии является результатом генетического родства архаических сюжетов. Поэтому многие элементы узбекского героического эпоса «Алпамыш» и эпосов других тюркоязычных народов Центральной Азии, характеризируются общностью.

В частности, сравнительно-типологический анализ дастанов «Алпамыш» и «Жумонг», показывает, что в узбекском и корейском народном героическом эпосе эпосе двух языков, входящих в одну «алтайскую языковую семью», имеется множество схожих мотивов. Например, генетические истоки мотивов чудесного рождения героя, наречения богатырского имени, выбор эпического коня, испытания, стрельба из лука, возвращения героя и эпическое сватовство в эпосе этих народов имеют общие корни.

Особеннно надо отметить, что корейская исследовательница госпожа Ингёнг О в своей докторской диссертации "Сравнительная типология дастанов "Алпамыш" и "Жумонг", посвященной сравнительно-типологическому изучению вопросов формирования и эволюционного развития узбекского и корейского героического эпоса в контексте художественного мышления народов Центральной Азии, доказала, что что исторические основы главных мотивов, составляющих сюжет дастанов «Алпамыш» и «Жумонг», восходят к эпическим традициям древних тюрков, живших в Центральной Азии. Диссертант пишет, что "Древние предки корейцев, язык которых исторически входил в семью алтайских языков, имели тесные культурно-экономические связи с тюркскими народами, проживавшими на территории Центральной Азии. В связи с этим тюркский эпос оказал огромное влияние на появление и развитие корейского героического эпоса. Свидетельством тому является общность мотивов и построение сюжета в дастанах «Алпамыш» и «Жумонг», указывающее на то, что исторические основы корейского эпоса восходят к эпическим традициям древних тюрков, в частности, предков узбекского народа".

Архаические эпические сюжеты древних эпох, в том числе просюжет дастана "Алпамыш" оказал влияние на создание героических и романических эпосов или же обогащали традиционные сюжеты. Особенно следует выделить важность роли сюжетов эпоса "Алпамыш" в формировании и развитии каракалпакских народных эпосов.

<...>

С установлением независимости Республики Узбекистан, возникли новые возможности для изучении и издании узбекского героического эпоса "Алпамыш". Постановление Кабинета Министров Республики Узбекистан "О праздновании 1000-летия создания эпоса "Алпамыш" явилось новой ступенью в деле всестороннего изучения и издания произведений узбекского фольклора. 1999 году в городе Термезе проводилась Международная конференция "Эпос"Алпамыш" и эпическое творчество народов мира". Впервые в эдиционной практики осуществлена академическая издания дастана "Алпамыш", где полный текст варианта Фазыла Юлдаш оглы был опубликован вместе с научно-литературным переводом на русский язык, с многочисленными научными комментариями и нотными записями. А также изданы варианты дастана "Алпамыш", записанные из уст Эргаша Джуманбулбул оглы, Мухаммадкул Жанмурод оглы Пулкан шаира, Бердияр Пиримкул оглы, Бекмурад Джурабай оглы.

В Узбекистане проводятся широкомасштабные работы по сохранению, изучению и пропаганде объектов нематериальной культурной ценностей, в том числе уникальных образцов узбекского фольклора. Бесценные сокровища народа Узбекистана — Навруз, Катта ашула, Аския, классическая музыка Шашмаком и культурное пространство района Байсун внесены в Список нематериального культурного наследия ЮНЕСКО. Важным программным документом в системной организации и совершенствовании работы в этом направлении служит постановление Кабинета Министров Республики Узбекистан «Об утверждении Государственной программы по охране объектов нематериального культурного наследия, сохранению, пропаганде и их использованию в 2010-2020 годы» от 7 октября 2010 года. На основе данной "Государственной программе" в Институте языка и литературы им. Алишера Навоий Академии наук Республики Узбекистан тщательно изучаются фольклорные рукописи и фонограммы, раскрывающие историческую сущность нематериального культурного наследия.

Приоритетными направлениями узбекской фольклористики являются запись и сбор фольклорных материалов, изучение современного историко-фольклорного процесса, систематизация и научная описания фольклорных рукописей, подготовка и публикация каталогов эпических произведений, составление мотивно-сюжетных указателей, подготовка 100 томного издания «Памятников узбекского народного творчество» и проведение фундаментальных исследований по изучению генетических основ и поэтических особенностей узбекского фольклора. 2012-2013 гг. в Институте языка и литературы им. Алишера Навоий Академии наук Республики Узбекистан были подготовлены к издании 1-7 тома, в котором вошли варианты узбекского народного героического эпоса "Алпамыш", записанные из уста талантливых сказителей-бахши как Фазыл Юлдаш оглы, Эргаш Джуманбулбул оглы, Мухаммадкул Жонмурад оглы Пулкан, Ислам шаир Назар оглы, Захир шаир Кучкар оглы, Рахматулла Юсуф оглы, Бекмурад Джурабой оглы, Берди бахши, Мардонакул Авлиякул оглы, Умр шаир Сафаров и Абдуназар Поёнова. Нужно отметить, что 100 томная издания "Памятников узбекского народного творчество" включает в себе самых лучших образцов узбекского фольклора и станется полном собранием поэтического гения узбекского народа.

Сказительское искусство узбекского народа, в том числе традиция исполнения цикла дастанов «Алпамыш» сохраняется и развивается, благодаря устойчивости эпического знания и эпической памяти народных сказителей-бахши. В наши дни дастан «Алпамыш» исполняется такими известными и талантливыми сказителями, как Абдукаххар бахши Рахимов, Абдумурод Рахимов (Дехканабадский район), Шоберди бахши Болтаев, Исмоил бахши Анваров (Байсунский район), Бoборахим бахши Маматмурадов (Денауский район), Абдуназар бахши Поёнов (Кизирикский район), Байкучкар бахши Ахмедов, Саъдулла бахши Ахмедов (Камашинский район), Зиядулла бахши Исламов (Нарпайский район) и т.д. Исполнение его в свадебных обрядах, на народных гуляниях и национальных праздниках считается символом счастья, мира и благополучия. Дастан своей идейно-художественной направленностью обогащает традиционный национальный праздник «Навруз» и служить духовно-эстетическому формированию гармонично развитого поколения.

중앙아시아 민족들의 서사적 사고를 통해 본 서사시 <알파미시>와 그 문학사적 의의

서사시 <알파미시> 주제의 고대 층은 6세기에서 8세기 사시에 알타이 산악지대에 살고 있던 튀르크족들 사이에서 <영웅이야기>의 형태로 생성되었습니다. 즉 영웅에 관한 이야기들이 알타이의 영웅서사시인 <알리프-마나시> 창작의 기반이 되었다는 말입니다. 9세기에서 10세기 사이에 일어난 인종지학적 과정에 의해, 즉 시르다리야강 하류를 따라 알타이 산기슭에 거주하고 있던 오구즈족들의 이주에 의해 이 서사적 주제는 아랄해 근방의 광활한 영토에까지 전해졌고, 쿤그라드 사람들의 생활양식과 예술적이고 미학적인 시각이 반영된 서사시로 발전하게 되었던 것입니다. 이런 식으로 수많은 튀르크부족들과 민족들이 카라한 왕조 시대에 중앙아시아로 이주하게 되면서 이들의 서사시가 튀르크 원주민의 서사시와, 그리고 고대서사시의 잔재들과 혼합되었고, 이는 10세기에서 11세기 사이에 우즈베키스탄의 영웅서사시 <알파미시>가 탄생하게 되는 결과를 가져오게 했다고 말할 수 있겠습니다.

서사시 <알파미시> 주제의 기원을 알타이 산기슭에 전파되었던 고대의 서사적 전통들과 연결시키는 이러한 학술적 가정은 우즈베크족, 야쿠트족, 알타이족, 몽골족, 한민족 등의 중앙아시아 민족들의 영웅서사시가 가지고 있는 몇몇 전통적 모티브들의 공통성이 고대의 주제들이 가지는 발생학적인 동질성 때문이라는 점을 증명해 주고 있습니다. 그렇기에 우즈베키스탄 영웅서사시인 <알파미시>와 중앙아시아의 다른 튀르크어족들의 서사시들에서 볼 수 있는 많은 요소들이 서로 간에 공통점을 가지고 있는 것입니다.

특히 서사시 <알파미시>와 <주몽>을 비교 유형학적으로 분석해보면 한 '알타이 언어권'에 속하는 두 언어로 이루어진 우즈베키스탄 영웅서사시와 한국 영웅서사시 사이에 많은 유사 모티브가 존재한다는 사실을 알 수 있게 됩니다. 예를 들어 이 두 작품에서 찾아볼 수 있는 영웅의 신비로운 탄생, 영웅다운 이름의 작명, 영웅에 어울리는 말의 선택, 시험, 활쏘기, 영웅의 귀환, 영웅의 청혼과 같은 모티브들이 공통의 발생학적 기원을 가지고 있습니다.

이와 관련하여 특히 주목할 만한 연구로 한국의 오은경 교수가 자신의 박사학위 논문에서 발표했던 <서사시 '알파미시'와 '주몽'의 비교유형학>이 있는데, 중앙아시아 민족들의 예술적 사고와 관련 지어 우즈베키스탄과 한국의 영웅서사시가 어떻게 형성되었고 진화해갔는가 하는 문제를 비교유형학적으로 연구한 논문입니다. 이 연구는 서사시 <알파미시>와 <주몽>의 주제를 구성하고 있는 주요 모티브들의 역사적 기원이 중앙아시아에 살았었던 고대 튀르크인들의 서사적 전통에까지 거슬러 올라간다는 것을 증명하고 있습니다. 이 논문에 따르면 '역사적으로 알타이 어족에 포함되고 있던 언어를 사용한 고대 한국인들은 중앙아시아에 살고 있던 튀르크인들과 경제 · 문화 분야에서 밀접한 관계를 맺고 있었으며, 이런 이유로 튀르크 서사시는 한국에서 영웅서사시가 출현하고 발전해 나갈 수 있도록 하는데 지대한 영향을 끼치게 되었습니다. 그 증거로 한국 서사시의 역사적 기원이 고대 튀르크인들의, 그 중에서도 특히 고대 우즈베크인들의 서사시 전통에 있다는 점을 보여주고 있는 <알파미시>와 <주몽>에 나타난 모티브들의 공통성 및 주제의 구성을 통해 알 수 있습니다.

서사시 <알파미시>를 관통하고 있는 주제를 포함하여 고대의 서사적 주제들은 영웅서사시와 애정서사시의 창작에 영향을 주거나 전통적인 주제들을 더욱 풍부하게 만들었습니다. 특히 주목할 필요가 있는 사실은 카르칼팍 민족서사시들의 형성과 발전에 서사시 <알파미시>의 주제들이 중요한 역할을 할 것입니다.

(중략)

우즈베키스탄이 독립하게 되면서 우즈베키스탄 영웅서사시 <알파미시>를 연구하고 출간할 수 있는 새로운 가능성들이 생겨났습니다. '서사시 <알파미시> 탄생 1000주년 기념'에 관한 우즈베키스탄 내각의 결의는 우즈베키스탄 구비문학 작품들을 다방면적으로 연구하고 출간하는 작업을 위한 새로운 디딤돌이 되어주었습니다. 1999년에는 테르메즈에서 '서사시 <알파미시>와 전세계 민족들의 서사시 창작'이라는 주제로 국제학술회의가 진행되었습니다. 출판 역사상 최초로 서사시 <알파미시>의 학술적 출간이 성사되었습니다. 이 책에는 파질 율다시 오글리의 버전 전문이 담겨 있는데, 러시아어로 된 문학적 번역과 수많은 학술적 해설, 그리고 악보가 실려 있습니다. 또한 에르가시 주만불불 오글리, 무함마드쿨 잔무로드 오글리, 풀칸 샤이르, 베르디야르 피림쿨 오글리, 베크무라드 주라바이 오글리가 녹음한 <알파미시> 버전들도 출간되었습니다.

우즈베키스탄에서는 현재 구비문학의 진귀한 견본들을 포함하는 무형문화재들을 보존하고 연구하며 홍보하는 대대적인 작업이 진행 중에 있습니다. 우즈베키스탄 민족의 그 가치를 매길 수 없을 정도로 소중한 보물인 춘분절 나브루즈, 민요 카타 아슐라, 만담 아스키야, 전통 성악곡 샤사마콤, 바이순 지역의 문화지구가 유네스코 무형문화유산으로 기재되어 있습니다. 이와 같은 활동을 체계적으로 조직하고 실행하기 위한 중요 프로그램으로서의 역할을 하고 잇는 것은 우즈베키스탄 내각의 <2010년에서 2020년까지의 무형문화유산의 보호와 보존, 홍보 및 이용에 관한 국가프로그램 확립>에 관한 결의입니다. 이 '국가프로그램'을 기반으로 하여 우즈베키스탄 학술아카데미 산하 알리세르 나보이 어문학대학교에서는 무형문화유산의 역사적 본질을 드러낼 민속학 관련 필사본들과 녹음자료들을 정성껏 연구하고 있는 중입니다.

현재 우즈베키스탄 민속학에서 우선시 되고 있는 작업은 민속학 자료들의 수집과 녹음, 현대의 민속학 추이 연구, 민속학 관련 필사본들의 체계화 및 학술적 기록, 서사시 작품들의 목록 준비 및 발간, 모티브-주제 색인 편찬, 100권으로 된 전집 <우즈베키스탄 민족 창작의 기념비들> 준비, 우즈베키스탄 민속학의 발생학적 근원 및 시학적 특성 연구를 위한 기초 연구 실시입니다. 이중 1권에서 7권까지의 출간이 2012년에서 2013년 사이에 우즈베키스탄 학술아카데미 산하 알리셰르 나보이 어문학대학교에서 준비되었습니다. 이 책들에는 파질 율다시 오글리, 에르가시 주만불불 오글리, 무함마드쿨 존무라드 오글리 풀칸, 이슬람 샤이르 나자르 오글리, 자히르 샤이르 쿠치카르 오글리, 라흐마툴라 유수프 오글리, 벡무라드 주라바이 오글리, 베르디 바흐시, 마흐도나쿨 아블리야쿨 오글리, 움르 샤이르 사파로프, 압두나자르 포요노프와 같은 재능 있는 구연자들에 의해 녹음된 우즈베키스탄 민족영웅서사시 <알파미시>의 버전들이 포함되었습니다. 총 100권으로 구성된 <우즈베키스탄 민족 창작의 기념비들>은 우즈베키스탄 민속학의 가장 뛰어난 견본들을 담고 있으며, 우즈베키스탄 민족의 시학적 천재성을 담은 전집이 될 것입니다.

서사시 <알파미시> 시리즈의 구연전통을 포함하는 우즈베키스탄 민족의 구연예술은 그 보존과 발전이 동시에 이루어지고 있는데, 이는 바흐시라고 불리는 민족 구연자들이 지니고 있는 서사시에 대한 지식과 기억이 확고부동한 덕분입니다. 오늘날 서사시 <알파미시>는 (데흐카나바드 지역의) 압두카하르 바흐시 라히모프, 압두무로드 라히모프, (바이순 지역의) 쇼베르디 바흐시 볼타예프, 이스모일 바흐시 안바로프, (데나우 지역의)

보보라힘 바흐시 마마트무라도프, (키지리크 지역의) 아브두나자르 바흐시 포요노프, (카마시 지역의) 바이쿠치카르 바흐시 아흐메도프, 사둘라 바흐시 아흐메도프, (나르파이 지역의) 지야둘라 바흐시 이슬라모프 등과 같은 유명하고 재능 있는 구연자들에 의해 구연되고 있습니다. 결혼예식과 군중야유회, 그리고 민족적 축일에 서사시 <알파미시>를 구연하는 것은 행복과 평과, 그리고 무사안녕의 상징으로 여겨지고 있습니다. 서사시는 그 사상적이며 예술적인 지향성으로 춘분절 전통축제인 나브루즈를 풍성하게 만들어 주고 있으며, 조화롭게 발달된 세대의 정신적, 미적 형성에 도움을 주고 있습니다.

제9과

Биография

전기

Лев Николаевич по-разному вспоминал об отце и о матери, хотя любил их как будто равно; взвешивая любовь свою на весах, он окружал поэтическим ореолом мать, которую почти не знал и не видел.

Лев" Николаевич писал: «Впрочем, не только моя мать, но и все окружавшие мое детство лица — от отца до кучеров — представляются мне исключительно хорошими людьми. Вероятно, мое чистое детское любовное чувство, как яркий луч, открывало мне в людях (они всегда есть) лучшие их свойства, и то, что все люди эти казались мне исключительно хорошими, было гораздо больше правда, чем то, когда я видел одни их недостатки».

Так писал Лев Николаевич в 1903 году в своих воспоминаниях. Он начинал их несколько раз и бросал, так и не закончив.

Люди как будто противоречили сами себе, воспоминания спорили, потому что они жили в настоящем.

Воспоминания обращались угрызениями совести. Но Толстой любил стихотворение Пушкина «Воспоминание»
:

И с отвращением читая жизнь тою,
Я трепещу и проклинаю,
И горько жалуюсь, и горько слезы лью,
Но строк печальных не смываю.

«В последней строке,— пишет он,— я бы только изменил бы так: вместо» «строк печальных...» поставил бы: «строк постыдных не смываю» .

Он хотел каяться и каялся в честолюбии, в грубой распущенности; в юности он прославлял свое детство. Он говорил, что восемнадцатилетний период от женитьбы до духовного рождения можно бы назвать с мирской точки зрения нравственным. Но тут же, говоря о честной семейной жизни, кается в эгоистических заботах о семье и об увеличении состояния.

Как трудно знать, о чем надо плакать, как трудно знать, в чем себя надо упрекать!

Толстой обладал беспощадной, всевосстанавливающей памятью; помнил то, что никто из нас вспомнить не может.

Он начинал свои воспоминания так:

«Вот первые мои воспоминания, такие, которые я не умею поставить по порядку, не зная, что было прежде, что после. О некоторых даже не знаю, было ли то во сне или наяву. Вот они. Я связан, мне хочется выпростать руки, и я не могу этого сделать. Я кричу и плачу, и мне самому неприятен мой крик, но я не могу остановиться. Надо мною стоят, нагнувшись, кто-то, я не помню кто, и все это в полутьме, но я помню, что двое, и крик мой действует на них: они тревожатся от моего крика, но не развязывают меня, чего я хочу, и я кричу еще громче. Им кажется, что это нужно (то есть то, чтобы я был связан), тогда как я знаю, что это не нужно, и хочу доказать им это, и я заливаюсь криком, противным для самого меня, но неудержимым. Я чувствую несправедливость и жестокость не людей, потому что они жалеют меня, но судьбы и жалость над самим собою. Я не знаю и никогда не узнаю, что такое это было: пеленали ли меня, когда я был грудной, и я выдирал руки, или это пеленали меня, уже когда мне было больше года, чтобы я не расчесывал лишаи; собрал ли я в одно это воспоминание, как это бывает во сне, много впечатлений, но верно то, что это было первое и самое сильное мое впечатление жизни. И памятно мне не крик мой, не страдания, но сложность, противоречивость впечатления. Мне хочется свободы, она никому не мешает, и меня мучают. Им меня жалко, и они завязывают меня. И я, кому всё нужно, я слаб, а они сильны».

В старой жизни человечества, в долгом его предутреннем сне, люди связывали друг друга собственностью, заборами, купчими, наследствами и свивальниками.

Толстой всю жизнь хотел освободиться; ему нужна была свобода.

Люди, которые его любили — жена, сыновья, другие родственники, знакомые, близкие, спеленывали его.

Он выкручивался из свивальников.

Люди жалели Толстого, чтили его, но не освобождали.

Они были сильны, как прошлое, а он стремился к будущему.

Сейчас уже забывают, как выглядел прежде грудной младенец, обвитый свивальником, как мумия насмоленной пеленой.

Теперешний грудной младенец с поднятыми вверх согнутыми ножками — это другая судьба младенца.

Воспоминание о напрасном лишении свободы — первое воспоминание Толстого.

Другое воспоминание — радостное.

«Я сижу в корыте, и меня окружает странный, новый, не неприятный кислый запах какого-то вещества, которым трут мое голенькое тельце. Вероятно, это были отруби, и, вероятно, в воде и корыте меня мыли каждый день, но новизна впечатления отрубей разбудила меня, и я в первый раз заметил и полюбил мое тельце с видными мне ребрами на груди, и гладкое темное корыто, и засученные руки няни, и теплую парную отращенную воду, и звук ее, и в особенности ощущение гладкости мокрых краев корыта, когда я водил по ним ручонками».

Воспоминания о купании — след первого наслаждения.

Эти два воспоминания — начало человеческого расчленения мира.

Толстой отмечает, что первые годы он «жил, и блаженно жил», но мир вокруг него не расчленен, а потому нет и воспоминаний. Толстой пишет: «Мало того, что пространство, и время, и причина суть формы мышления и что сущность жизни вне этих форм, но вся жизнь наша есть большее и большее подчинение себя этим формам и потом опять освобождение от них». Вне формы нет воспоминания. Оформляется то, к чему можно прикоснуться: «Все, что я помню, все происходит в постельке, в горнице, ни травы, ни листьев, ни неба, ни солнца не существует для меня». Это не вспоминается — природы как бы нет. «Вероятно, надо уйти от нее, чтобы видеть ее, а я был природа».

Важно не только то, что окружает человека, но и то, что и как он выделяет из окружающего.

Часто то, чего человек как бы не замечает, на самом деле определяет его сознание.

Когда же мы интересуемся творчеством писателя, то нам важен способ, которым он выделял части из общего, для того, чтобы мы потом могли воспринять это общее заново. Толстой всю жизнь занимался выделением из общего потока того, что входило в его систему миропонимания; изменял методы выбора, тем самым изменяя и то, что выбирал.

Посмотрим на законы расчленения.

Мальчика переводят вниз к Федору Ивановичу — к братьям.

Ребенок покидает то, что Толстой называет «привычное от вечности». Только что началась жизнь, и так как другой вечности нет, то пережитое вечно.

Мальчик расстается с первичной осязаемой вечностью — «не столько с людьми, с сестрой, с няней, с теткой, сколько с кроваткой, с положком, с подушкой...».

Тетка названа, но еще живет не в расчлененном мире.

Мальчика берут от нее. На него надевают халат с подтяжкой, пришитой к спине,— это как будто отрезает его «навсегда от верха».

«И я тут в первый раз заметил не всех тех, с кем я жил наверху, но главное лицо, с которым я жил и которое я не помнил прежде. Это была тетенька Татьяна

Александровна».

У тетки появляется имя, отчество, потом она описана как невысокая, плотная, черноволосая.

Начинается жизнь — как трудное дело, а не игрушка.

«Первые воспоминания» были начаты 5 мая 1878 года и оставлены. В 1903 году Толстой, помогая Бирюкову, который взялся написать его биографию для французского издания сочинений, снова пишет воспоминания детства. Они начинаются с разговора о раскаянии и с рассказа о предках и братьях.

Лев Николаевич, возвращаясь в детство, теперь анализирует не только появление сознания, но и трудность повествования.

«Чем дальше я подвигаюсь в своих воспоминаниях, тем нерешительнее я становлюсь о том, как писать их. Связно описывать события и свои душевные состояния я не могу, потому что не помню этой связи и последовательности душевных состояний» .

레프 니콜라예비치가 자신의 아버지와 어머니를 똑같이 사랑한 듯 해도, 그들에 대해 다르게 회상하곤 했다. 자신의 사랑을 저울질로 헤아려보며, 그는 거의 알지도, 보지도 못했던 어머니에게 시적 후광을 선사하였다.

레프 니콜라예비치는 다음과 같이 썼다.

> 그렇지만 내 어머니만이 아니라, 나의 어린 시절을 둘러싸고 있던 사람들 모두가, 아버지부터 마부들에 이르기까지, 각별히 좋은 사람들이었던 것으로 생각된다. 선명한 빛과도 같았던 나의 순수하고 애정어린 동심이 사람들의 장점만을 내게 보여주었던 것 같다. 그리고 이들이 각별히 좋은 사람들로서 내게 보여졌던 것이, 내가 그들의 단점만을 보았던 때보다 훨씬 더 진실이었다.

1903년 레프 니콜라예비치는 자신의 회상록에 이렇게 적었다. 그는 여러 번 회상록을 쓰기 시작했었고, 결국은 끝내지 못한 채 그만두곤 했다.

현존하는 이들이었던 등장인물들은 책 속의 모습과 모순되 보이기도 했으며, 회상록의 내용은 논쟁되었다.

회상록은 양심의 가책을 담고 있었다. 그러나 톨스토이는 푸시킨의 시 〈회상〉을 사랑했다.

> 그리고 혐오스럽게 그 삶을 읽어내려 가며,
> 나는 경악하고 저주하노라,

그리고 서럽게 한탄하고, 서럽게 눈물 흘리노라,
그러나 슬픈 글귀들을 씻어 낼 수는 없네.

"다만 나라면 마지막 행의 '슬픈 글귀들……' 대신에 '수치스러운 글귀들을 씻어 낼 수는 없네'라고 바꾸었을 것이다"라고 톨스토이는 적고 있다.

그는 참회하기를 원했고, 공명심과 지독한 방탕을 참회하였다. 청년기에 그는 자신의 유년시절을 찬양했었다. 그는 결혼 직후부터 영적으로 새로 태어나기 전까지의 18년을 속세의 관점으로 보았을 때 도덕적이라 부를만 하다고 말했다. 그러나 곧 사실 그대로의 가정생활에 대해 말하면서 가족과 재산증식에 대해 이기적인 걱정을 기울였음을 회개했다.

무엇을 슬퍼해야 하는지 안다는 것은 얼마나 어려운 일인가, 자신의 어떤 점을 책망해야 하는지 안다는 것은 얼마나 어려운 일인가!

톨스토이는 가차 없는, 모든 것을 다 떠올릴 수 있는 기억력을 가지고 있었는데, 우리 중 누구도 기억해 낼 수 없는 것들을 기억하고 있었다.

그는 자신의 회상록을 다음과 같이 시작했다.

이것은 나의 첫 번째 회상록으로서, 무엇이 먼저였고 무엇이 나중에 일어난 일인지 모르기 때문에 순서대로 늘어놓지 못하는 것들이다. 어떤 것들은 꿈이었는지, 현실이었는지도 모르겠다. 다음이 그러한 것들이다. 나는 묶여져 있고 양손을 내뻗고 싶지만 그럴 수가 없다. 나는 소리 지르고 울고 있는데, 나의 외침은 내가 듣기에도 기분 나쁘지만 멈출 수가 없다. 내 위로 어떤 이들이, 누구인지 기억은 안 나지만, 서있으며, 이 모든 것은 어스름 속에서 일어나고 있었지만, 나는 그들이 두 명이란 것과 나의 외침이 그들에게 영향을 끼치고 있었다는 것을 기억한다. 그들은 나의 외침에 놀라기는 하였으나, 내가 원한바대로 나를 풀어주지 않았기에 나는 더욱 크게 소리를 지른다. 그들에겐 그럴 필요가 (즉 내가 묶여있을 필요가) 있는 것으로 보였으나, 나는 그렇지 않다는 것을 알고 있었고, 그들에게 이것을 증명하기 위하여 내가 듣기에도 혐오스러운, 그러나 참을 수 없었던 고함을 퍼부어 댄다. 나는 불공평함과 잔인함을 느끼고 있는데, 그것은 나를 애처로이 여기고 있던 사람들로부터가 아니라 운명으로부터의 불공평함과 잔인함이었으며, 나는 또한 스스로에 대한 연민을 느끼고 있었다. 내가 젖먹이였을 때 나를 기저귀 천으로 싸놓았던 것인지, 그래서 내가 양팔을 빼내려고 애썼던 것이지, 아니면 이미 한 살이 넘었을 때 땀띠를 긁지 못하도록 나를 싸매어 놓았던 것인지, 그것도 아니면 꿈속에서 처럼 내가 수많은 인상들을 이 하나의 추억으로 모아 놓은 것인지, 나는 지금도 모르고 있으며, 앞으로도 알지 못할 것이다. 그러나 확실한 것은 이것이 삶에 대한 첫 인상이자, 가장 강렬했던 인상이라는 것이다. 그리고 내 기억에 남은 것은 나의 외침도, 고통들도 아닌, 인상의 복잡성과 모순성이었다. 나는 자유롭고 싶은데, 그리고 그것은 누구에게도 방해가 되는 것이 아닌데, 사람들은 나를 괴롭힌다. 그들은 내가 애처로웠기 때문에 나를 묶어 둔 것이다. 그리고 모든 것을 다 필요로 하는 나는 약하고, 그들은 강하다.

인류의 오랜 삶 속에서, 그 긴 아침녘 꿈 속에서 사람들은 재산으로, 울타리로, 부동산으로, 유산으로, 그리고 기저귀 천으로 서로를 묶고 있었다.

톨스토이는 평생 동안 자유로워지기를 원했다. 그에게는 자유가 필요했다.

그를 사랑했던 사람들 즉 아내, 아들들, 친지들, 지인들, 친한 이들은, 그를 기저귀 천으로 싸놓아 버렸다.

그는 거기에서 겨우 빠져 나왔다.

사람들은 톨스토이를 동정하고 존경했으나, 자유롭게 해주지는 않았다. 그들은 과거처럼 강력했으나, 톨스토이는 미래를 향해 돌진하고 있었다.

옛날 풀먹인 천으로 미라를 감아 놓듯이 기저귀 천으로 꽁꽁 싸놓았던 젖먹이의 모습은 이제 잊혀져가고 있다.

요즘의 젖먹이들은 굽힌 양다리를 위로 쳐들고 있는데, 그들은 다른 운명을 타고난 것이다.

의미없는 자유의 상실에 관한 회상이 톨스토이의 첫 번째 회상이었다.

그의 다른 회상은 기쁜 회상이다.

나는 구유 안에 앉아있는데, 나의 작은 몸을 닦는데 사용하고 있는 어떤 물질의 이상하고 새로운, 불쾌한 신 냄새가 나를 둘러싸고 있다. 아마도 이것은 밀기울이었던 것 같으며, 구유 안에서 물로 매일 나를 씻겼을 것이나, 밀기울이 주는 새로운 인상이 나를 일깨웠던 까닭에 나는 내 눈에 들어오는 늑골이 있는 나의 작은 몸과 어두운 색의 매끄러운 구유를, 그리고 소매를 걷어 올린 유모의 양팔과 따뜻하고 김이 나는 물줄기와 그 소리를, 특히 내가 구유의 젖은 가장자리를 작은 양 손으로 쓰다듬을 때의 매끄러운 감촉을 처음으로 깨닫고는 좋아하게 되었다.

목욕에 대한 회상은 처음으로 느낀 즐거움의 흔적이다.

이 두 가지 회상은 인간적인 세계 분열의 시초이다.

톨스토이는 인생의 초반기를 '살았다. 그리고 매우 행복하게 살았다'라고 말하고 있으나, 그의 주변 세상은 분리되지 않았고, 그렇기에 추억도 없다. 톨스토이는 다음과 같이 쓰고 있다.

공간과 시간, 그리고 원인이 사고형태의 본질이며, 이 모든 형태들 외부에 삶의 본체가 있을 뿐만 아니라, 우리의 인생 전부는 이 형태들에 자신을 더욱 더 복종시키고, 그런 후 그 형태들로부터 다시 자신을 자유롭게 만드는 것이다. 할 수 있다.

형태를 벗어나서는 추억이 있을 수 없다. 형성되는 것은 만질 수 있는 것이다.

내가 기억하는 모든 것은 침대에서, 또는 2층에서 일어나는 일들이다. 풀도, 나뭇잎들도, 하늘도, 태양도 나에게 있어서는 존재하지 않는다.

그것들은 회상되지 않는다. 자연은 마치 존재하지 않는 듯 같다.

자연을 보기 위해서는 자연으로부터 떠나야만 하는 것이리라. 그러나 나는 자연 그 자체였다.

중요한 것은 무엇이 인간의 주위를 둘러싸고 있는가 하는 것뿐만 아니라, 인간이 자신의 주변에서 무엇을 어떻게 분리해 내는가 하는 것이다.

인간이 눈치채지 못하고 있는 듯한 것들이 자주 그의 의식을 결정한다.

작가의 작품에 관심을 가질 때 우리에게 중요한 것은 그가 전체에서 부분을 뽑아내는 방법인데, 이는 후에 우리가 이 전체를 다시금 받아들이기 위함이다.

톨스토이는 평생 동안 전체적인 흐름에서 그의 세계관에 들어가는 것들을 분리해내는 작업을 했다. 선별법을 변경하곤 했으며, 그런 식으로 선별한 것들을 바꾸기도 했다.

분리의 법칙들을 살펴보기로 하자.

사내아이를 아래층의 표도르 이바노비치에게, 즉 형제들에게 데려가고 있다.

아이는 톨스토이가 '영원히 익숙했었던'이라고 부르는 것을 떠나간다. 삶은 얼마 전부터 시작되었고 다른 영원은 있을 수 없으므로, 지금까지 살았던 나날이 영원인 것이다.

소년은 익숙했고 만져서 느낄 수 있었던 영원과 헤어진다.

누나, 유모, 숙모와 같은 사람과의 이별이라기 보다는, 작은 침대, 침대 캐노피, 그리고 베개와의 이별이었다.

숙모를 언급하긴 했으나, 그녀가 아직 분리되지 않은 세상 속에 살고 있을 때였다.

아이를 숙모에게서 데려간다. 아이에게 등 쪽에 여밈끈을 붙여 놓은 가운을 입히는데, 이것은 마치 그를 '위층으로부터 영원히' 떼어내는 것과 같았다.

> 나는 그때 위층에서 살았던 모든 사람들이 아닌 함께 살았으나 이전에는 기억하지 못했던 중요한 사람을 처음으로 인식하게 되었다. 그것은 숙모 타티야나 알렉산드로브나였다.

숙모에겐 이름과 부칭이 생겼으며, 이후 그녀는 크지 않은 키의 건장한, 검은 머리카락을 가진 여자로 묘사된다.

인생이 시작된다, 장난이 아니라 힘든 일인 인생이.

〈첫 번째 회상록〉은 1878년 5월 5일에 시작되었다가 방치되었다. 프랑스판 톨스토이 전집 발행을 위해 그의 전기를 쓰기 시작했던 비류코프를 도와가며, 톨스토이는 1903년 유년시절 회상록을 다시 쓰기 시작한다. 회상록은 후회에 대한 대화와 조상과 형제에 관한 이야기로 시작된다.

어린 시절로 되돌아가며, 레프 니콜라예비치는 이제 의식의 출현 뿐만 아니라 서술의 어려움도 분석하고 있다.

> 회상록이 진전될수록, 어떻게 회상록을 써야할지 더 난감해진다. 사건들과 나 자신의 심적 상태를 연관 지어 쓸 수가 없는데, 왜냐하면 그 연관성과 심적 상태들의 연속성을 기억하지 못하기 때문이다.

제10과

Пьеса XIX века

19세기 희곡

Выход первый

Спальня Арбенина.

Входит Нина, за ней служанка.

Служанка

Сударыня, вы что-то бледны стали.

Нина

(снимая серьги)

Я нездорова.

Служанка

Вы устали.

Нина

(в сторону)

Мой муж меня пугает, отчего,

Не знаю! он молчит, и странен взгляд его.

(Служанке.)

Мне что-то душно: верно, от корсета — Скажи, к лицу б ыла сегодня я одета?

(Идет к зеркалу.)

Ты права, я бледна, как смерть бледна;

Но в Петербурге кто не бледен, право?

Одна лишь старая княжна,

И то — румяны! свет лукавый!

(Снимает букли и завертывает косу.)

Брось где-нибудь и дай мне шаль.

(Садится в креслы.)

Как новый вальс хорош! в каком-то упоенье
Кружилась я быстрей — и чудное стремленье
Меня и мысль мою невольно мчало вдаль,
И сердце сжалося; не то, чтобы печаль,
Не то, чтоб радость — Саша, дай мне книжку.
Как этот князь мне надоел опять —
А право, жаль безумного мальчишку!
Что говорил он тут... злодей и наказать...
Кавказ... беда... вот бред.

Служанка

Прикажете убрать?

(Показывая на наряды.)

Нина

Оставь.

(Погружается в задумчивость.)

Арбенин показывается в дверях.

Служанка

Прикажете идти?

Арбенин

(служанке тихо)

Ступай.

Служанка не уходит.

Иди же.

Уходит. Он запирает дверь.

Выход второй

Арбенин и Нина.

Арбенин

Она тебе уж больше не нужна.

Нина

Ты здесь?

Арбенин

Я здесь!

Нина

Я, кажется, больна,

И голова в огне — поди сюда поближе,

Дай руку — чувствуешь, как вся горит она?

Зачем я там мороженое ела,

Я, верно, простудилася тогда —

Не правда ли?

Арбенин

(рассеянно)

Мороженое? да...

Нина

Мой милый! я с тобой поговорить хотела!..

Ты изменился с некоторых пор,

Уж прежних ласк я от тебя не вижу,

Отрывист голос твой, и холоден твой взор.

И все за маскерад — о, я их ненавижу;

Я заклялася в них не ездить никогда.

Арбенин

(в сторону)

Не мудрено! теперь без них уж можно!

Нина

Что значит поступить хоть раз неосторожно.

Арбенин

Неосторожно! о!

Нина

И в этом вся беда.

Арбенин

Обдумать все заране надо было.

Нина

О, если бы я нрав заране знала твой,

То, верно б, не была твоей женой;

Терзать тебя, страдать самой —

Как это весело и мило!

Арбенин

И то: к чему тебе моя любовь!

Нина

Какая тут любовь? на что мне жизнь такая?

Арбенин

(садится возле нее)

Ты права! что такое жизнь? жизнь вещь пустая.
Покуда в сердце быстро льется кровь,
Всё в мире нам и радость и отрада.
Пройдут года желаний и страстей,
И все вокруг темней, темней!
Что жизнь? давно известная шарада
Для упражнения детей;
Где первое — рожденье! где второе —
Ужасный ряд забот и муки тайных ран,
Где смерть — последнее, а целое — обман!

Нина

(показывает на грудь)

Здесь что-то жжет.

Арбенин

(продолжая)

Пройдет! пустое!
Молчи и слушай: я сказал,
Что жизнь лишь дорога, пока она прекрасна,
А долго ль!.. жизнь как бал —
Кружишься — весело, кругом все светло, ясно...
Вернулся лишь домой, наряд измятый снял —

И все забыл, и только что устал.

Но в юных летах лучше с ней проститься,

Пока душа привычкой не сроднится

С ее бездушной пустотой;

Мгновенно в мир перелететь другой,

Покуда ум былым еще не тяготится;

Покуда с смертию легка еще борьба —

Но это счастие не всем дает судьба.

Нина

О нет, я жить хочу.

Арбенин

К чему?

Нина

Евгений,

Я мучусь, я больна.

Арбенин

А мало ли мучений,

Которые сильней, ужаснее твоих.

Нина

Пошли за доктором.

Арбенин

Жизнь — вечность, смерть — лишь миг!

Нина

Но я — я жить хочу!

Арбенин

И сколько утешений

Там мучеников ждет.

Нина

(в испуге)

Но я молю:

Пошли за доктором скорее.

Арбенин

(встает, холодно)

Не пошлю.

Нина

(после молчания)

Конечно, шутишь ты — но так шутить безбожно:

Я умереть могу — пошли скорей.

Арбенин

Что ж? разве умереть вам невозможно

Без доктора?

Нина

Но ты злодей,

Евгений — я жена твоя.

Арбенин

Да! знаю — Знаю!

Нина

О, сжалься! пламень разлился
В моей груди, я умираю.

Арбенин

Так скоро? Нет еще.

(Смотрит на часы.)

Осталось полчаса.

Нина

О, ты меня не любишь!

Арбенин

А за что же
Тебя любить — за то ль, что целый ад
Мне в грудь ты бросила? о нет, я рад, я рад
Твоим страданьям; боже, боже!
И ты, ты смеешь требовать любви!
А мало я любил тебя, скажи?
А этой нежности ты знала ль цену?
А много ли хотел я от любви твоей?
Улыбку нежную, приветный взгляд очей
—
И что ж нашел: коварство и измену,
Возможно ли! меня продать!
Меня за поцелуй глупца... меня, который
По слову первому был душу рад отдать,
Мне изменить? мне? и так скоро!..

Нина

О, если бы вину свою сама

Я знала, — то...

Арбенин

Молчи, иль я сойду с ума!

Когда же эти муки перестанут!

Нина

Браслет мой — князь нашел, — потом

Каким-нибудь клеветником

Ты был обманут.

Арбенин

Так, я был обманут!

Довольно, я ошибся!.. возмечтал,

Что я могу быть счастлив... думал снова

Любить и веровать... но час судьбы настал,

И все прошло как бред больного!

Быть может, я б успел небесные мечты

Осуществить, предавшися надежде,

И в сердце б оживил все, что цвело в нем прежде, —

Ты не хотела, ты!

Плачь! плачь — но что такое, Нина,

Что слезы женские? вода!

Я ж плакал! я, мужчина!

От злобы, ревности, мученья и стыда

Я плакал — да!
А ты не знаешь, что такое значит,
Когда мужчина — плачет!
О! в этот миг к нему не подходи:
Смерть у него в руках — и ад в его груди.

Нина

(в слезах упадает на колени
и поднимает руки к небу)

Творец небесный, пощади!
Не слышит он, но ты все слышишь — ты все знаешь,
И ты меня, всесильный, оправдаешь!

Арбенин

Остановись — хоть перед ним не лги!

Нина

Нет, я не лгу — я не нарушу
Его святыня ложною мольбой,
Ему я предаю страдальческую душу;
Он, твой судья, защитник будет мой.

Арбенин

(который в это время ходит по комнате,
сложив руки)

Теперь молиться время, Нина:
Ты умереть должна чрез несколько минут —

И тайной для людей останется кончина

Твоя, и нас рассудит только божий суд.

Нина

Как? умереть! теперь, сейчас — нет, быть не может.

Арбенин

(смеясь)

Я знал заранее, что это вас встревожит.

Нина

Смерть, смерть! он прав — в груди огонь — весь ад...

Арбенин

Да, я тебе на бале подал яд.

Молчание.

Нина

Не верю, невозможно — нет, ты надо мною

(бросается к нему)

Смеешься... ты не изверг... нет! в душе твоей

Есть искра доброты... с холодностью такою,

Меня ты не погубишь в цвете дней —

Не отворачивайся так, Евгений,

Не продолжай моих мучений,

Спаси меня, рассей мой страх...

Взгляни сюда...

(Смотрит ему прямо в глаза

и отскакивает.)

О! смерть в твоих глазах.

(Упадает на стул и закрывает глаза.)

Он подходит и целует ее.

Арбенин

Да, ты умрешь — и я останусь тут
Один, один... года пройдут,
Умру — и буду все один! Ужасно!
Но ты! не бойся: мир прекрасный
Тебе откроется, и ангелы возьмут
Тебя в небесный свой приют.

(Плачет.)

Да, я тебя люблю, люблю... я все забвенью,
Что было, предал, есть граница мщенью,
И вот она: смотри, убийца твой
Здесь, как дитя, рыдает над тобой...

Молчание.

Нина

(вырывается и вскакивает)

Сюда, сюда... на помощь!.. умираю —
Яд, яд — не слышат... понимаю,
Ты осторожен... никого... нейдут...
Но помни! есть небесный суд,

И я тебя, убийца, проклинаю.

(Не добежав до двери,

упадает без чувств.)

Арбенин

(горько смеясь)

Проклятие! что пользы проклинать?

Я проклят богом.

(Подходит.)

Бедное созданье,

Ей не по силам наказанье...

(Стоит сложа руки.)

Бледна!

(Содрогается.)

Но все черты спокойны, не видать

В них ни раскаянья, ни угрызений...

Ужель?

Нина

(слабо)

Прощай, Евгений!

Я умираю, но невинна... ты злодей...

Арбенин

Нет, нет — не говори, тебе уж не поможет

Ни ложь, ни хитрость... говори скорей!

Я был обманут... так шутить не может

Сам ад любовию моей!

Молчишь? о! месть тебя достойна...

Но это не поможет, ты умрешь...

И будет для людей все тайно — будь спокойна!..

Нина

Теперь мне все равно... я все ж

Невинна перед богом.

(Умирает.)

Арбенин

(подходит к ней и быстро отворачивается)

Ложь!

(Упадает в кресла.)

첫 번째 등장

(아르베닌의 침실이다. 니나가 먼저 들어오고, 곧이어 하녀가 따라 들어온다.)

하녀 : 마님, 너무 창백하세요.

니나 : (귀걸이를 빼며) 몸이 좋지 않구나.

하녀 : 피곤하셨나봐요.

니나 : (혼잣말로) 남편이 날카롭게 구는데, 왜인지 알 수가 없구나! 말도 없고... 눈빛도 이상해. (하녀에게) 왠지 속이 답답하구나. 코르셋 때문이겠지. 말해 다오. 오늘 입은 드레스가 내게 어울리는 것 같니? (거울 쪽으로 다가간다.) 네 말이 맞구나. 너무 창백해, 죽음처럼 말이야. 하지만 페테르부르크에 살면서 누가 창백하지 않을 수가 있을까, 그렇지 않니? 딱 한 사람, 나이 든 공작부인이 있지. 하지만 그건 화장이야! 교활한 색이라고! (가발을 벗고는 머리를 땋기 시작한다.) 어딘가에 던져 놓은 내 숄을 좀 찾아 다오. (안락의자에 앉는다.) 새 왈츠는 정말로 재미있었어! 난 환희에 차서 점점 더 빨리 돌았지. 이상한 열망이 튀어나와 나와 내 생각을 저 멀리로 데려갔고, 그 순간 심장이 죄어왔어. 그건 슬픔도 기쁨도 아니었단다. 사샤, 책을 다오. 그리고 그 공작이 날 얼마나 지루하게 하던지. 정말이지 그 정신 나간 소

년은 불쌍하기 그지없더구나! 그가 무슨 말을 했더라... 악당, 그리고 벌한다고... 캅카스... 불행... 헛소리들이었지.

하녀 : (옷을 가리키며) 치울까요?

니나 : (생각에 잠긴 채) 내버려둬.

(아르베닌이 문 앞에 나타난다.)

하녀 : 그만 가도 될까요?

아르베닌 : (하녀에게 조용한 소리로) 그러도록 해.

(하녀가 나가지 않는다.)

아르베닌 : 그만 가보라고 했잖아.

(하녀가 나간다. 아르베닌이 문을 잠근다.)

두 번째 등장

(아르베닌과 니나가 있다.)

아르베닌 : 더 이상 당신에게 하녀는 필요하지 않을 것이오.

니나 : 당신 여기 있었어요?

아르베닌 : 그렇소!

니나 : 제가 아무래도 아픈 것 같아요. 머리가 불구덩이에요. 가까이 와보세요. 손을 이리로 줘 봐요. 제 손이 타들어갈 듯 뜨거운 게 느껴지나요? 그 아이스크림을 왜 먹었담. 아무래도 그것 때문에 감기가 들었나 봐요. 그렇겠죠?

아르베닌 : (건성으로) 아이스크림이라고? 그런가 보군...

니나 : 사랑하는 당신! 당신과 이야기를 나누고 싶군요... 당신은 언젠가부터 변했어요. 예전의 사랑을 더 이상은 찾아 볼 수가 없어요. 말투는 딱딱해졌고 시선은 냉담해졌어요. 이건 다 그놈의 가면무도회 때문에요. 오, 정말 증오스럽군요. 다시는 그곳에 가지 않겠다고 맹세했답니다.

아르베닌 : (혼잣말로) 당연하지! 이제 가면 같은 거 없이도 만나고 다니니까!

니나 : 단 한번이라도 조심스럽지 않게 행동하는 것이 뭘 의미하는지를.

아르베닌 : 조심스럽지 않게라고! 오!

니나 : 거기에 모든 불행이 있으니까요.

아르베닌 : 진작 그렇게 심사숙고했었어야지.

니나 : 당신의 기질을 미리 알았더라면, 당신과 결혼하지 않았을지도 몰라요. 당신을 괴롭게 하고, 스스로를 고통스럽게 하는 것. 얼마나 유쾌하고 사랑스러운 일인지!

아르베닌 : 것 봐. 당신에겐 내 사랑 같은 건 필요 없다니까!

니나 : 사랑이 있기나 했나요? 이런 삶이 제게 필요할까요?

아르베닌 : (니나 옆에 앉는다.) 당신 말이 맞아! 삶이 뭐기에? 삶이란 허무한 거요. 심장에서 피가 빠르게 돌 동안은 세상 모든 것이 다 기쁨이고 즐거움이겠지. 하지만 욕망과 열정의 세월이 지나고 나면 주변은 점점 더 어두워지기만 한다오! 삶이 뭐겠소? 아이들을 가르치는데 필요한 오래된 수수께끼일 뿐. 처음엔 탄생! 그 다음엔 무서운 걱정들과 비밀스런 상처가 주는 고통들, 그러다가 죽음이 오면 마지막이지. 완전한 기만일 뿐이요!

니나 : (가슴을 가리키며) 이 안에서 뭔가 타들어가요.

아르베닌 : (계속해서 이야기 하며) 지나갈 거요! 아무것도 아니야! 입 다물고 들으란 말이오. 인생은 길에 불과하다고 말했소. 하지만 그건 아름다울 동안 만이오. 그 아름다움이 오래 갈까..? 인생은 무도회와 같소. 춤추며 돌다 보면 즐겁고 주변은 온통 빛이 나고 밝지... 하지만 집으로 돌아와 구겨진 옷을 벗는 순간 그 모든 건 기억에서 날아가고 피로가 덮쳐온단 말이오. 그렇기에 그런 것들과는 젊은 시절에 헤

어지는 것이 좋소. 그 영혼 없는 공허를 내 영혼이 습관적으로 닮아가기 전에 말이오. 과거사가 이성을 괴롭히기 전에, 아직은 죽음과 싸울만 할 때, 그럴 때 단번에 다른 세계로 날아가는 것. 하지만 운명이 이런 행운을 모두에게 주는 것은 아니라오.

니나 : 오, 아뇨, 전 살고 싶어요.

아르베닌 : 왜 살고 싶지?

니나 : 예브게니, 너무 괴로워요, 아프다고요.

아르베닌 : 그 고통보다도 더 강하고 무서운 것들도 있소.

니나 : 사람을 보내 의사를 불러주세요.

아르베닌 : 삶은 영원하고, 죽음은 한 순간일 뿐이오.

니나 : 그렇지만 전 살고 싶은 걸요!

아르베닌 : 그곳에서는 수많은 위로가 수난자들을 기다리고 있다오.

니나 : (놀라서) 제발 부탁이에요, 어서 의사를 부르러 사람을 보내세요.

아르베닌 : (자리에서 일어나서 냉담한 말투로) 보내지 않을 거요.

니나 : (잠시 할 말을 잊었다가) 물론 농담하시는 거겠죠? 하지만 그런 농담은 하는 게 아니에요. 전 죽을 수도 있단 말이에요. 어서 사람을 보내세요.

아르베닌 : 그래? 의사 없이는 죽지도 못한단 말인가?

니나 : 이런 악한 같으니라고. 예브게니, 전 당신 아내란 말이에요.

아르베닌 : 그래! 알아, 안다고!

니나 : 오, 저를 불쌍히 여겨 주세요! 내 가슴에서 불덩어리가 흘러내리고 있어요. 전 죽어간다고요.

아르베닌 : 그렇게 빨리? 아니, 아직 아니야. (시계를 본다.) 앞으로 30분이 남았소.

니나 : 오, 당신은 절 사랑하는 게 아니었군요!

아르베닌 : 왜 당신을 사랑해야 하지? 당신이 내 가슴에 지옥을 통째로 던져주어서? 오, 아니, 난 기쁘다오. 난 당신이 고통스러워하는 것을 보니 기쁘단 말이오. 하느님 맙소사! 당신, 당신이 감히 사랑을 요구하다니! 내가 당신을 조금밖에 사랑하지 않았소, 말해 보시오? 그 다정함의 가치를 당신이 알았던가? 당신의 사랑으로부터 내가 많은 것을 요구하던가? 부드러운 미소와 상냥한 시선, 그게 다였소. 그런데 그 대신 뭘 받았지? 교활함과 배신이었어. 가능한 일인가! 나를 팔아먹다니! 멍청한 놈의 키스에 나를... 첫마디에 기꺼이 영혼을 바칠 수 있었던 나를, 나를 배신해? 나를? 그리고 그렇게나 빨리..!

니나 : 오, 내 죄를 내가 알기라도 한다면... 그랬다면...

아르베닌 : 입 다물어, 그렇지 않으면 난 미쳐버리고 말거야! 이 고통들은 언제쯤에나 끝나는 것인가!

니나 : 내 팔찌는 공작이 주은 거예요. 그 후 누군가의 비방에 당신은 속았고요.

아르베닌 : 그러니까 내가 속았단 말이지? 됐어, 내가 실수한 거

야..! 행복할 수 있다는 허황된 꿈을 꾸었지... 다시 사랑하고 신뢰할 수 있다고 생각했어... 그러나 운명의 시간은 도래했고, 모든 건 환자의 헛소리처럼 지나가 버렸지! 염원했던 천상의 꿈을 실현할 수 있을지도 몰랐는데, 예전에 심장에서 꽃피었던 모든 것을 되살릴 수 있을 지도 몰랐는데, 당신이 원하지 않았던 거야, 당신이! 우시오! 울어! 그러나 그게 뭐요, 니나? 여자의 눈물이란 게 무엇이오? 물이지! 나도 울었소! 내가, 남자가! 원한, 질투, 고통, 그리고 수치 때문에 울었소, 그래! 당신은 모르오, 남자가 운다는 것이 무엇을 의미하는지! 오! 그런 순간에는 그에게 다가가지 않는 게 좋을 거요. 죽음이 그의 손에 있고, 지옥이 그의 가슴 속에 있으니.

니나 : (눈물을 흘리며 무릎을 꿇고 하늘로 두 손을 든다.) 하늘에 계신 창조주님, 용서하소서! 그는 제 말을 듣지 않으나, 당신께서는 모든 것을 들으십니다. 모든 것을 알고 계십니다. 전능하신 하느님, 당신은 제가 바르게 살았다는 것을 알고계십니다!

아르베닌 : 그만둬! 내 앞에서만이라도 거짓말하지 마시오!

니나 : 아니에요, 전 거짓말하는 게 아니라고요. 하느님의 성전을 거짓된 기도로 파괴하지 않아요. 전 그 분께 고난에 가득 찬 제 영혼을 맡길 겁니다. 당신에겐 심판자이신 그 분이 제겐 수호자가 되어 주실 거예요.

아르베닌 : (방을 거닐던 그가 팔짱을 낀 후) 지금 기도나 하고

있을 때가 아닐 텐데, 니나. . 사람들은 당신이 왜 죽었는지 모를 것이고, 하느님만이 우리를 심판하시겠지.

니나 : 어떻게요? 죽는다니! 지금, 지금 말이에요? 아니야, 그럴 리 없어요.

아르베닌 : (웃으면서) 놀랄 거라 생각했소.

니나 : 죽음, 죽음이라니! 그의 말이 맞았군. 가슴 속에서 불이 타올라, 지옥 같은...

아르베닌 : 그래요, 무도회에서 내가 독을 줬던 거요.

니나 : 믿을 수 없어요, 그럴 리가! 아니야, 당신은 지금 나를... (아르베닌에게 달려든다.) 놀리는 거죠... 당신은 그렇게까지 나쁜 사람이 아니잖아요... 아니에요! 당신의 영혼 속에는 선한 불꽃이 있어요... 당신이 나를 이토록이나 냉정하게, 가장 좋은 나이에 죽이지는 않을 거예요. 외면하지 말아요, 예브게니! 제 고통을 멈춰주세요. 절 구해줘요, 이 두려움을 사라지게 해줘요. 절 보세요... (아르베닌의 눈을 쳐다보고는 소스라치게 놀라며 뒤로 물러난다.) 오! 당신의 눈에서 죽음이 보여요.

(의자에 주저앉아 두 눈을 가린다. 아르베닌이 다가와 입을 맞춘다.)

아르베닌 : 그렇소, 당신은 죽게 될 거요. 나는 여기에 홀로, 홀로 남게 되는 거지... 세월이 흐르면 나도 죽을 거요. 그러고도 계속 혼자겠지! 소름끼치는 일이야! 하지만 당신은! 두

려워하지 마시오. 당신 눈앞에 아름다운 세상이 펼쳐질 거요. 천사들이 하늘 위 안식처로 데려가 줄 거요. (운다.) 맞소, 난 당신을 사랑하오, 사랑한다오... 나는 이전의 모든 일들을 잊어버리겠소. 복수에도 한계가 있는 법이니까. 자 여기 있소, 보시오. 당신의 살인자가 여기서 마치 아이처럼 당신 위에 엎드려 통곡하고 있는 것을...

(침묵이 흐른다.)

니나 : (아르베닌의 품속에서 뛰쳐나온다.) 여기에요, 여기, 도와주세요..! 전 죽어가고 있어요. 독, 독 때문에요. 아무도 듣지 않아... 알 것 같네요, 당신은 조심성 있게 일 처리를 하는 사람이니... 아무도... 오지 않겠죠. 그러나 기억하세요! 하늘의 심판이 기다리고 있다는 것을. 나는 당신을, 살인마를, 저주하겠어요.

(문까지 달려가지 못한 채 정신을 잃고 쓰러진다.)

아르베닌 : (쓴 웃음을 지으며) 저주라고? 저주해서 무슨 소용이 있지? 하느님이 벌써 날 저주하신 것을. (니나에게 다가간다.) 불쌍한 피조물이여. 당신이 버틸 만한 징벌이 아니었군... (팔짱을 낀 채 서 있다.) 창백해! (몸을 떤다.) 하지만 너무 평온한 모습이야. 회개도 자책도 보이지 않는군... 도대

체 어떻게?

니나 : (약한 목소리로) 잘 있어요, 예브게니! 전 이제 죽어요. 하지만 제겐 죄가 없답니다... 당신은 악한이로군요...

아르베닌 : 아니, 아니오. 아무 말도 하지 마시오. 더 이상은 거짓말도 교활함도 도움이 안 될 테니... 어서 말하시오, 당신이 날 기만했다고... 지옥이라 해도 내 사랑을 그따위로 가지고 놀 수는 없었을 거요! 침묵하기로 한 거요? 오! 당신은 복수당해도 싸... 그러나 이것도 도움이 안 될 거요. 당신은 죽을 테니까... 사람들에게는 모든 것을 비밀로 하겠소. 그러니 안심하시오...!

니나 : 이젠 아무 상관이 없어요... 어차피 전 하느님 앞에서 결백하니까요.

(죽는다.)

아르베닌 : (그녀에게 다가갔다가 다른 쪽으로 재빨리 몸을 돌린다.) 거짓말!

(안락의자에 주저앉는다.)

제11과

Пьеса XX века

20세기 희곡

Керженцев (встает и становится спиной к печке. Смотрит сверху вниз на Татьяну Николаевну). Зачем же менять, Татьяна Николаевна? Он мне кажется интересным. Если я сегодня впервые за шесть лет проявил что-то -- хотя я не знаю что,-- то и вы сегодня в первый раз заговорили о прошлом. Это интересно. Да, шесть лет тому назад, а вернее, семь с половиной -- ослабление моей памяти не коснулось этих лет -- я предложил вам руку и сердце и вы изволили отвергнуть и то и другое. Вы помните, что это было на Николаевском вокзале и что стрелка на станционных часах показывала в эту минуту ровно шесть: диск делился пополам одною черною чертою?

Татьяна Николаевна. Я этого не помню.

Керженцев. Нет, это верно, Татьяна Николаевна. И помните, что вы тогда еще пожалели меня? Этого вы не можете забыть.

Татьяна Николаевна. Да, это я помню, но что я могла сделать другое? В моей жалости не было ничего оскорбительного для вас, Антон Игнатьич. И я просто не могу понять, зачем мы это говорим,-- что это, объяснение? Я, к счастью, совершенно уверена, что вы не только не любите меня...

Керженцев. Это неосторожно, Татьяна Николаевна! А вдруг я скажу, что и до сих пор я люблю вас, что я не женюсь, веду такую странную замкнутую жизнь только потому, что люблю вас?

Татьяна Николаевна. Вы этого не скажете!

Керженцев. Да, я этого не скажу.

Татьяна Николаевна. Послушайте, Антон Игнатьич: я очень люблю говорить с вами...

Керженцев. Говорить со мной, а -- спать с Алексеем?

Татьяна Николаевна (встает, возмущенно). Нет, что с вами? Это же грубо! Это... невозможно! Я не понимаю. И может быть, вы действительно больны? Этот ваш психоз, о котором я слыхала...

Керженцев. Что ж, допустим. Пусть это будет тот самый психоз, о котором вы слыхали,-- если иначе нельзя говорить. Но неужели вы боитесь слов, Татьяна Николаевна?

Татьяна Николаевна. Я ничего не боюсь, Антон Игнатьич. (Садится.) Но я все должна буду рассказать Алексею.

Керженцев. А вы уверены, что вы сумеете рассказать и он сумеет что-нибудь понять?

Татьяна Николаевна. Алексей не сумеет понять?.. Нет,

вы шутите, Антон Игнатьич?

Керженцев. Что ж, можно допустить и это. Вам, конечно, Алексей говорил, что я... как бы вам это сказать... большой мистификатор? Люблю опыты-шутки. Когда-то, в дни молодости конечно, я нарочно добивался дружбы у кого-нибудь из товарищей, а когда он выбалтывался весь, я уходил от него с улыбкой. С легкой улыбкой, впрочем: я слишком уважаю свое одиночество, чтобы нарушать его смехом. Вот и теперь я шучу, и пока вы волнуетесь, я, может быть, спокойно и с улыбкой рассматриваю вас... с легкой улыбкой, впрочем.

Татьяна Николаевна. Но вам понятно, Антон Игнатьич, что такого отношения к себе я допустить не могу? Плохие шутки, от которых никому не хочется смеяться.

Керженцев (смеется). Разве? А мне казалось, что я уже смеялся. Это вы серьезничаете, Татьяна Николаевна, а не я. Засмейтесь!

Татьяна Николаевна (насильственно смеется). Но, может быть, это также только опыт?

Керженцев (серьезно). Вы правы: я хотел слышать ваш смех. Первое, что я в вас полюбил, был именно ваш смех.

Татьяна Николаевна. Я больше не стану смеяться.

Молчание.

Керженцев (улыбается). Вы очень несправедливы сегодня, Татьяна Николаевна, да: Алексею вы отдаете все, а у меня хотели бы отнять последние крохи. Только потому, что я люблю ваш смех и нахожу в нем ту красоту, которой, быть может, не видят другие, вы уже не хотите смеяться!

Татьяна Николаевна. Все женщины несправедливы.

Керженцев. Зачем так плохо о женщинах? И если я сегодня шучу, то вы шутите еще больше: вы притворяетесь маленькой трусливой мещаночкой, которая с яростью и... отчаянием защищает свое маленькое гнездо, свой птичник. Разве я так похож на коршуна?

Татьяна Николаевна. С вами трудно спорить... говорите.

Керженцев. Но ведь это же правда, Татьяна Николаевна! Вы умнее вашего мужа, а моего друга, я также умнее его, и поэтому вы всегда так любили говорить со мной... Ваш гнев и сейчас не лишен некоторой приятности. Разрешите же мне быть в странном настроении. Сегодня я слишком долго копался в мозгу моего Джайпура -- он умер от тоски,-- и у меня странное, очень странное и... шутливое настроение!

Татьяна Николаевна. Я это заметила, Антон Игнатьевич. Нет, серьезно, мне искренно жаль вашего Джайпура: у него было такое... (улыбается) интеллигентное лицо. Но чего же вы хотите?

Керженцев. Сочинять. Выдумывать.

Татьяна Николаевна. Господи, какие мы, женщины, несчастные, вечные жертвы ваших гениальных капризов: Алексей убежал, чтобы не сочинять, и я должна была придумывать ему утешения, а вы... (Смеется.) Сочиняйте!

Керженцев. Вот вы и засмеялись.

Татьяна Николаевна. Да уж бог с вами. Сочиняйте, но только, пожалуйста, не о любви!

Керженцев. Иначе нельзя. Мой рассказ начинается с любви.

Татьяна Николаевна. Ну, как хотите. Постойте, я сяду поудобнее. (Садится на диван с ногами и оправляет юбку.) Теперь я слушаю.

Керженцев. Так вот, допустим, Татьяна Николаевна, что я, доктор Керженцев... как неопытный сочинитель, я буду от первого лица, можно?..-- так вот, допустим, что я люблю вас -- можно? -- и что я стал нестерпимо раздражаться, глядя на вас с талантливым Алексеем. Моя жизнь благодаря вам расклеилась, а вы нестерпимо счастливы, вы великолепны, вас одобряет сама критика, вы молоды и прекрасны... кстати, вы очень красиво причесываетесь теперь, Татьяна Николаевна!

Татьяна Николаевна. Да? Так нравится Алексею. Я слушаю.

Керженцев. Вы слушаете? Прекрасно. Так вот... вы знаете, что такое одиночество с его мыслями? Допустим, что вы это знаете. Так вот, однажды, сидя один за своим столом...

Татьяна Николаевна. У вас великолепный стол, я мечтаю о таком для Алеши. Простите...

Керженцев. ...и раздражаясь все более и более -- думая о многом,-- я решил совершить ужасное злодейство: прийти к вам в дом, так-таки просто прийти к вам в дом и... убить талантливого Алексея!

Татьяна Николаевна. Что? Что вы говорите! Как вам не

стыдно!

Керженцев. Это же слова!

Татьяна Николаевна. Неприятные слова!

Керженцев. Вы боитесь?

Татьяна Николаевна. Опять боитесь? Нет, я ничего не боюсь, Антон Игнатьич. Но я требую, то есть я хочу, чтобы... рассказ был в пределах... художественной правды. (Встает и ходит.) Я избалована, голубчик, талантливыми рассказами, и бульварный роман с его ужасными злодеями... вы не сердитесь?

Керженцев. Первый опыт!

Татьяна Николаевна. Да, первый опыт, и это видно. Как же вы, ваш герой хочет осуществить свой страшный замысел? Ведь, конечно, он умный злодей, который себя любит, и ему вовсе не хочется менять свою... удобную жизнь на каторгу и кандалы?

Керженцев. Несомненно! И я... то есть мой герой для этой цели притворяется сумасшедшим.

Татьяна Николаевна. Что?

Керженцев. Вы не понимаете? Убьет, а потом выздоровеет и вернется к своей... удобной жизни. Ну, как, дорогой критик?

Татьяна Николаевна. Как? Плохо до того, что...

стыдно! Он хочет убить, он притворяется, и он же рассказывает -- и кому? Жене! Плохо, неестественно, Антон Игнатьич!

Керженцев. А игра? Прекрасный критик мой, а игра? Или вы не видите, какие бешеные сокровища бешеной игры сокрыты здесь: самой жене говорить о том, что я хочу убить ее мужа, смотреть ей в глаза, улыбаться тихонько и говорить: а я хочу убить вашего мужа! И, говоря это, знать, что она не поверит... или поверит? И что когда она станет рассказывать об этом другим, ей также никто не поверит! Она будет плакать... или не будет? -- а ей не поверят!

Татьяна Николаевна. А вдруг поверят?

Керженцев. Что вы: ведь только сумасшедшие рассказывают такие вещи... и слушают! Но какая игра -- нет, вы подумайте серьезно, какая бешеная, острая, божественная игра! Конечно, для слабой головы это опасно, легко можно перейти грань и назад уже не вернуться, но для сильного и свободного ума? Послушайте, зачем писать рассказы, когда их можно делать! А? Не правда ли? Зачем писать? Какой простор для творческой, бесстрашной, воистину творческой мысли!

Татьяна Николаевна. Ваш герой доктор?

Керженцев. Герой -- это я.

Татьяна Николаевна. Ну, все равно, вы. Он может незаметно отравить или привить какую-нибудь болезнь... Почему он так не хочет?

Керженцев. Но если я незаметно отравлю, то как же вы будете знать, что это сделал я?

Татьяна Николаевна. Но зачем же я должна знать это?

Керженцев молчит.

(Слегка топает ногой.) Зачем я должна это знать? Что вы говорите!

Керженцев молчит. Татьяна Николаевна отходит, потирает пальцами виски.

Керженцев. Вам нехорошо?

Татьяна Николаевна. Да. Нет. Голова что-то... О чем мы сейчас говорили? Как странно: о чем мы сейчас говорили? Как странно, я не совсем ясно помню, о чем мы сейчас говорили. О чем?

Керженцев молчит.

Антон Игнатьич!

Керженцев. Что?

Татьяна Николаевна. Как мы к этому пришли?

Керженцев. К чему?

Татьяна Николаевна. Я не знаю. Антон Игнатьич, голубчик, дорогой, не надо! Мне правда немного страшно. Не надо шутить! Вы такой милый, когда говорите со мной серьезно... и ведь вы же никогда так не шутили! Зачем теперь? Вы меня перестали уважать? Не надо! И вы не думайте, что я так уж счастлива... какое там! Мне с Алексеем очень трудно, это правда. И он сам вовсе не так счастлив, я же знаю!

Керженцев. Татьяна Николаевна, сегодня впервые за шесть лет мы говорим о прошлом, и я не знаю... Вы рассказали Алексею, что шесть лет тому назад я предложил вам руку и сердце и вы изволили отказаться -- от того и от другого?

Татьяна Николаевна (смущаясь). Дорогой мой, но как же я могла... не рассказать, когда...

Керженцев. И он также жалел меня?

Татьяна Николаевна. Но неужто вы не верите в его благородство, Антон Игнатьич?

Керженцев. Я вас очень любил, Татьяна Николаевна.

Татьяна Николаевна (умоляя). Не надо!

Керженцев. Хорошо.

Татьяна Николаевна. Ведь вы же сильный! У вас огромная воля, Антон Игнатьич, если вы захотите, вы можете все... Ну... простите нас, простите меня!

Керженцев. Воля? Да.

Татьяна Николаевна. Зачем вы так смотрите -- вы не хотите простить? Не можете? Боже мой, как это... ужасно! И кто же виноват, и какая же это жизнь, господи! (Тихо плачет.) И все надо бояться, то дети, то... Простите!

Молчание. Керженцев точно издали смотрит на Татьяну Николаевну -- вдруг просветляется, меняет маску.

Керженцев. Татьяна Николаевна, голубчик, перестаньте, ну что вы! Я шутил.

케르젠체프 : (일어나서 등을 난로 쪽으로 향하고 선다. 타티야나 니콜라예브나를 위아래로 훑어본다.) 왜 말을 돌리려고 하십니까, 타티야나 니콜라예브나? 제가 보기엔 흥미로운 주제 같은데 말입니다. 만일 오늘 제가 6년 만에 처음으로 무언가를, 그게 뭔지는 저도 모르겠습니다만, 무언가를 드러내려 했었다면, 부인은 오늘에야 처음으로 지난 일에 대해 입을 여신 겁니다. 흥미로운 일이지요. 네, 6년 전에, 더 정확히 말하자면 7년 반 전에, 제 기억력 감퇴도 이 시간만큼은 비켜갔군요, 저는 당신에게 제 손과 마음을 내밀며 청혼했습니다. 그때 당신은 그 두 가지를 모두 거절하셨지요. 기억나십니까, 니콜라예프스키 역에서의 일이었습니다. 그 때 역의 시계바늘은 정확히 6시를 가리키고 있었지요. 시계바늘이 둥근 시계를 정확히 반으로 가르고 있었으니까요.

타티야나 니콜라예브나 : 기억나지 않아요.

케르젠체프 : 하지만 사실입니다, 타티야나 니콜라예브나. 그날 저를 불쌍히 여기기까지 하셨는데, 기억나지 않으십니까? 그건 잊으실 리가 없지요.

타티야나 니콜라예브나 : 네, 그건 기억이 난답니다. 하지만 제가 달리 뭘 할 수 있었겠어요? 저의 동정에는 당신이 모욕감을 느끼실 만한 그 어떤 것도 들어 있지 않았어요, 안톤 이그나티예비치. 우리가 왜 이런 이야기를 하고 있는 건지 이해할 수가 없군요. 이게 뭐죠, 지나간 일에 대한 해명인가요? 다행히도 저는 확실히 알고 있답니다. 당신은 저를 사랑하지 않으실 뿐만 아니라….

케르젠체프 : 그건 섣불리 판단하실 일이 아니지요, 타티야나 니콜라예브나! 제가 아직까지도 당신을 사랑하고 있으며, 그렇기 때문에 결혼도 하지 않고 이토록 폐쇄적인 삶을 살고 있는 거라면 어쩌려고 그러십니까?

타티야나 니콜라예브나 : 당신이 그런 말을 하실 리가 없어요!

케르젠체프 : 네, 저는 그런 말은 하지 않을 겁니다.

타티야나 니콜라예브나 : 이보세요, 케르젠체프 씨, 당신과 이야기하는 걸 무척이나 좋아합니다만….

케르젠체프 : 대화는 저와 나누시고, 잠은 알렉세이와 주무신다?

타티야나 니콜라예브나 : (일어나서 분노에 가득 차서는) 아니 도대체 왜 이러시는 거죠? 너무 무례하시잖아요! 이런 일은… 있을 수 없어요! 이해가 안 되는군요. 어쩌면 당신은 정말 아프신 건지도 모르겠어요. 제가 들었던 당신의 그 정신병이….

케르젠체프 : 뭐, 그렇다 칩시다. 제가 이러는 이유가 당신이 들으셨다는 저의 그 정신병 때문이라고 칩시다. 만일 달리 설명할 방법이 없다면 말입니다. 그런데 당신은 정말로 말하는 게 두려우신 겁니까, 타티야나 니콜라예브나?

타티야나 니콜라예브나 : 전 아무것도 두렵지 않아요, 안톤 이그나티예비치. (앉는다.) 하지만 그이에게 모두 다 말해 줘야겠어요.

케르젠체프 : 알렉세이에게 말하실 수 있을 거라고, 그리고 그가 당신의 말 중 일부만이라도 이해할 수 있을 거라고 확신하십니까?

타티야나 니콜라예브나 : 그이가 이해할 수 없을 거라고요…? 아니요, 지금 장난치시는 거죠, 안톤 이그나티예비치?

케르젠체프 : 뭐, 이것도 그렇다고 칩시다. 물론 알렉세이가 말했겠지만, 저는… 어떻게 말씀드려야 할까요…. 대단한 신비주의자라고나 할까요? 장난스런 실험들을 좋아한답니다. 언젠가, 물론 젊은 시절의 일입니다만, 일부러 동기들 중 누군가와 친해지려고 애쓴 적이 있었지요. 그러다가 그 동기가 제게 모든 걸 다 털어놓으면 미소를 지으며 그를 떠나가곤 했습니다. 살짝 미소를 띠며 말입니다. 왜냐면 전 제 고독을 너무나도 존중했답니다. 그렇기에 미소가 아닌 큰 웃음소리로 그 고독을 흩뜨려 놓고 싶지가 않았습니다. 자, 지금도 저는 장난을 치고 있습니다. 그리고 어쩌면 당신이 걱정하고 계시는 이 순간에도 침착하게 미소를 지으며 당신을 관찰하고 있을지도 모르지요…. 살짝만 미소를 지으면서 말입니다.

타티야나 니콜라예브나 : 저를 그런 식으로 대하시는 건 제가 용납할 수 없는 일이란 걸 잘 알고 계실 텐데요, 안톤 이그나티예비치? 전혀 웃기지 않는, 정말 형편없는 장난을 치고 계시는군요.

케르젠체프 : (웃는다.) 과연 그럴까요? 제가 보기에 저는 벌써

웃은 것 같습니다만. 부인이 심각해하시는 거지, 전 그렇지 않답니다. 웃으세요!

타티야나 니콜라예브나 : (억지로 웃는다.) 혹시 이것도 무슨 실험인가요?

케르젠체프 : (진지하게) 맞습니다. 전 당신의 웃음소리가 듣고 싶었거든요. 제가 당신 안에서 가장 먼저 사랑하게 된 것이 바로 당신의 웃음소리였답니다.

타티야나 니콜라예브나 : 앞으로 더 이상은 웃지 않겠어요.

(침묵이 흐른다.)

케르젠체프 : (미소 짓는다.) 오늘 당신은 정말로 불공평하시군요, 타티야나 니콜라예브나. 알렉세이에게는 모든 걸 다 주셨으면서, 제게선 마지막 남은 부스러기까지도 거두어 가려하시다니. 그것도 제가 당신의 웃음소리를 사랑하고 그 속에서 다른 이들은 보지 못하는 아름다움을 발견한다는 이유로 말입니다. 어떻게 더 이상은 웃지 않겠다고 말씀하실 수가 있습니까!

타티야나 니콜라예브나 : 모든 여자들은 다 불공평하답니다.

케르젠체프 : 여자들에 대해서 왜 그리 나쁘게 말하십니까? 그리고 만일 제가 오늘 농담을 하고 있는 거라면, 당신은 더 심한 농담을 하고 계시는 겁니다. 당신은 지금 별 볼일 없는 겁쟁이 소시민인 척하고 계시니까요. 광분하면서, 그리

고… 절망하면서 자신의 조그만 둥지를, 자신의 새장을 지키려 애쓰고 있는 그런 소시민 말입니다.

타티야나 니콜라예브나 : 당신과는 말싸움을 할 수가 없군요 …. 계속해 보세요.

케르젠체프 : 하지만 이건 사실이지 않습니까, 타티야나 니콜라예브나! 당신은 남편보다 더 똑똑하시지요. 저 또한 제 친구보다 더 똑똑합니다. 그렇기 때문에 당신은 항상 저와 얘기하는 걸 좋아하셨지요…. 지금도 당신의 분노에서 사람을 기분 좋게 만드는 뭔가가 느껴진답니다. 지금 제가 느끼고 있는 이 오묘한 기분 속에 계속 머무를 수 있도록 허락해 주십시오. 오늘 전 자이푸르의 뇌 속을 너무나도 오랫동안 헤집었답니다. 자이푸르는 우울증으로 죽었지요. 그래서 전 오늘 이상한, 너무나도 이상한, 그리고… 장난스러운 기분이 듭니다.

타티야나 니콜라예브나 : 그럴 거라고 생각했어요, 안톤 이그나티예비치. 정말이에요, 진심으로 자이푸르를 불쌍히 여기고 있답니다. 자이푸르는 정말… (미소 짓는다.) 지적인 얼굴을 가지고 있었거든요. 그런데 도대체 원하시는 게 뭐죠?

케르젠체프 : 글을 쓰고 싶습니다. 이야기들을 지어내는 거지요.

타티야나 니콜라예브나 : 하느님 맙소사, 우리 여자들은 정말 불행하기 이를 데 없군요. 당신네 남자들이 부리는 그 훌륭한 변덕들 때문에 항상 희생당하잖아요. 그이는 글을 쓰지 않기 위해서 도망갔답니다. 전 그를 위로할 방법을 찾아야만 했죠. 그런데 당신은…. (웃는다.) 원하신다면 얼마든지 쓰세요!

케르젠체프 : 드디어 웃으시는군요.

타티야나 니콜라예브나 : 하고 싶은 대로 하세요. 글을 쓰시라고요. 다만, 부탁할게요, 사랑에 대해서는 쓰지 마세요!

케르젠체프 : 그럴 수는 없습니다. 제 이야기는 사랑에서부터 시작되니까요.

타티야나 니콜라예브나 : 뭐, 원하시는 대로 하세요. 잠깐만요, 좀 편하게 앉을게요. (소파에 양다리를 올리고 앉아서는 치맛단을 단정하게 정리한다.) 이제 말씀하셔도 돼요.

케르젠체프 : 그러니까 말입니다, 타티야나 니콜라예브나, 예를 들어 제가, 케르젠체프 박사가…. 저는 경험 없는 작가이니 일인칭으로 말하겠습니다, 괜찮겠습니까…? 그래서 말입니다, 예를 들어 제가 당신을 사랑한다고 가정해 봅시다. 그래도 될까요? 그리고 저는 뛰어난 재능을 가진 알렉세이와 함께 있는 당신을 보면서 더 이상 참을 수 없을 정도로 화가 나기 시작한 겁니다. 제 인생은 당신 덕분에 망가져 버렸는데, 당신은 견딜 수 없을 정도로 행복하시니까 말입니다. 당신은 너무나도 훌륭하며, 흠잡을 데라곤 눈을 씻고 봐도 찾을 수가 없습니다. 당신은 젊고 아름답습니다…. 아, 참, 말이 나온 김에 말씀드리는 건데, 요즘 들어 정말 아름다운 머리 모양을 하고 계시는군요, 타티야나 니콜라예브나!

타티야나 니콜라예브나 : 그래요? 그이가 이렇게 하고 있는 걸 좋아해서요. 계속해 보세요.

케르젠체프 : 제 얘기를 듣고 계신 겁니까? 정말 좋습니다. 그래서 말입니다…. 생각과 함께하는 고독이란 것이 뭔지 알고 계십니까? 아신다고 칩시다. 그러던 어느 날이었습니다. 혼자 책상에 앉아 있는데….

타티야나 니콜라예브나 : 당신은 정말 훌륭한 책상을 가지고 계시죠. 전 늘 그이에게 그런 책상이 있었으면 좋겠다고 생각했었답니다. 어머, 제가 말을 끊었네요. 죄송해요….

케르젠체프 : 그런데 점점 더 화가 치밀어 오른 겁니다. 많은 생각을 하다가 저는 끔찍한 짓을 저지르기로 결심합니다. 당신네 집으로 가서, 무작정 당신네 집으로 가서는… 뛰어난 재능을 가진 당신의 알렉세이를 죽이기로 한 겁니다!

타티야나 니콜라예브나 : 네? 무슨 말씀을 하시는 거죠? 부끄럽지도 않으세요!

케르젠체프 : 이야기일 뿐이지 않습니까!

타티야나 니콜라예브나 : 기분 나쁜 이야기죠!

케르젠체프 : 두려우신 겁니까?

타티야나 니콜라예브나 : 또 두렵냐고 물으시는 건가요? 아니요, 전 아무것도 두려워하지 않아요, 안톤 이그나티예비치. 하지만 제가 요구하고 싶은 것은, 그러니까 제가 바라는 것은… 당신의 그 이야기가… 예술적 진실이라는 선을 넘지는 않았으면 하는 거예요. 전 뛰어난 글들을 너무나도 많이 읽

었답니다. 그렇기 때문에 끔찍한 악당들이 나오는 저속한 소설들은… 제가 너무 심하게 말했나요?

케르젠체프 : 처음 쓰는 글입니다!

타티야나 니콜라예브나 : 네, 처음으로 쓰시는 글이죠. 그래 보여요. 그래서 당신은, 당신의 주인공은 도대체 그 무서운 생각을 어떻게 실현하려는 거죠? 분명 그 주인공은 자기 자신을 사랑하는, 그래서 자신의… 안락한 생활을 징역살이나 족쇄와 바꿀 생각이 전혀 없는 똑똑한 악당일 텐데 말이에요.

케르젠체프 : 물론입니다! 그래서 저는…, 그러니까 제 주인공은 자신의 목적을 위해 미친 척한답니다.

타티야나 니콜라예브나 : 뭐라고요?

케르젠체프 : 이해 못하시겠습니까? 사람을 죽이고 난 다음에는 정신병원에서 치료를 받고 나와 자신의… 안락한 생활로 돌아가게 되는 거죠. 자, 어떻습니까, 친애하는 비평가님?

타티야나 니콜라예브나 : 어떻게 그럴 수가 있죠? 부끄러울 정도로 형편없군요! 주인공이 살인을 저지르고, 미친 척하고, 그리고는 그걸 이야기해 준단 말이잖아요. 누구에게요? 자신이 죽이려는 사람의 부인에게요! 형편없어요. 전개도 자연스럽지 않고요, 안톤 이그나티예비치!

케르젠체프 : 계략은요? 훌륭하신 저의 비평가님, 계략은 어떤가 말입니다. 아니면 혹시 놓치고 계신 게 아닙니까? 그의 부인에게 직접 말한단 말입니다. 나는 당신의 남편을 죽이고 싶다고요. 그녀의 눈을 바라보면서, 미소를 띠며 조용히

말하는 거죠. 난 당신의 남편을 죽이고 싶다고! 그녀가 믿지 않으리란 걸 알고 있으면서 말하는 겁니다…. 아니면 혹시 그녀가 믿을까요? 그녀가 사람들에게 말한다하더라도 아무도 그녀를 믿지 않으리란 것 역시 알고 있으면서 말하는 겁니다! 그녀는 울겠지요…. 아니면 혹시 안 울까요? 어쨌든 사람들은 그녀의 말을 믿지 않을 겁니다!

타티야나 니콜라예브나 : 만일 믿는다면요?

케르젠체프 : 그럴 리가요. 미치광이들만 그런 이야기를 하고 다니지요…. 그런 이야기를 들어주는 것도 미치광이들뿐이고 말입니다. 정말 대단한 계략이 아닙니까. 한번 진지하게 생각해 보세요. 이 얼마나 정신 나간, 그리고 자극적인 훌륭하기 그지없는 계략입니까! 물론 약해 빠진 정신력을 가진 사람이라면 스스로가 위험에 빠질 수도 있는 계략입니다. 쉽게 선을 넘어 버리고는 다시는 되돌아올 수 없을 수도 있으니까요. 하지만 강인하고 자유로운 정신을 가진 사람이라면요? 그런데 이야기는 왜 글로 써야만 하는 걸까요? 직접 실행할 수도 있는데 말입니다! 네? 안 그렇습니까? 왜 글로 써야만 하는 걸까요? 창조적인, 그리고 아무것도 두려워하지 않는, 그야말로 진정으로 창조적인 생각을 가진 사람 앞에 펼쳐져 있는 세계란 이토록 광활한데 말입니다!

타티야나 니콜라예브나 : 주인공 역시 의사인가요?

케르젠체프 : 주인공은 저입니다.

타티야나 니콜라예브나 : 어쨌든 당신이죠. 의사라면 표 안 나게 독살할 수도 있고 병균 같은 걸 주사할 수도 있을 텐데…. 왜 주인공은 그렇게 하지 않는 거죠?

케르젠체프 : 만일 제가 표 안 나게 독살해 버린다면, 그게 제가 저지른 짓이란 걸 당신이 어떻게 아시겠습니까?

타티야나 니콜라예브나 : 도대체 왜 제가 그걸 알아야만 하는 거죠?

(케르젠체프가 침묵한다.)

타티야나 니콜라예브나 : (바닥에 발을 살짝 구르며) 제가 왜 그걸 알아야만 하냐고요? 도대체 무슨 말씀을 하고 계신 거예요!

(케르젠체프는 아무 말이 없다. 타티야나 니콜라예브나는 자리에서 물러나 손가락으로 관자놀이를 문지른다.)

케르젠체프 : 어디가 불편하십니까?

타티야나 니콜라예브나 : 네. 아니에요. 머리가 좀… 우리가 무슨 얘기를 하고 있었죠? 정말 이상하군요. 무슨 얘기를 하고 있었던 거죠? 정말 이상해요, 정확히 기억이 나지 않아요. 우리가 방금 무슨 얘기를 하고 있었죠, 무슨 얘기를요?

(케르젠체프는 아무 말이 없다.)

타티야나 니콜라예브나 : 안톤 이그나티예비치!

케르젠체프 : 왜 그러십니까?

타티야나 니콜라예브나 : 어떻게 우리가 이런 결론에 도달하게 됐죠?

케르젠체프 : 어떤 결론에 말입니까?

타티야나 니콜라예브나 : 모르겠어요. 안톤 이그나티예비치, 저의 소중한 벗이여, 그러지 마세요. 정말이지 전 무섭기까지 하다고요. 그러니 그런 농담은 하지 마세요. 저와 진지한 대화를 나누실 때 당신은 정말로 좋은 분이시잖아요…. 게다가 이런 농담은 한 번도 하신 적이 없으세요. 이제 더는 저를 존중하지 않아서 그러시는 건가요? 제발 그러지 말아 주세요! 그리고 제가 굉장히 행복하게 살고 있다는 생각도 말아주시고요…. 행복이라니요! 그이와 함께 산다는 건 정말로 힘든 일이랍니다, 정말이에요. 그 역시도 별로 행복하지 않아요. 전 그걸 잘 알고 있다고요!

케르젠체프 : 타티야나 니콜라예브나, 오늘 우린 6년 만에 처음으로 지난 일에 대해서 이야기하고 있습니다. 하지만 저는 아직도 모르고 있답니다…. 당신은 6년 전 제가 당신에게 청혼하며 제 손과 마음을 당신께 바쳤었다는 것을, 그러나 당신은 그 두 가지를 모두 거절했다는 사실을 알렉세이에게 말한 적이 있습니까?

타티야나 니콜라예브나 : (당황하며) 나의 소중한 벗이여, 그때 제가 어떻게… 말하지 않을 수가 있었겠요….

케르젠체프 : 그도 당신처럼 저를 불쌍하다고 생각을 테고요?

타티야나 니콜라예브나 : 그이가 고상한 사람이란 사실을 절대로 믿으려 하지 않으시는군요, 안톤 이그나티예비치?

케르젠체프 : 당신을 무척이나 사랑했답니다, 타티야나 니콜라예브나.

타티야나 니콜라예브나 : (애원하며) 그만하세요!

케르젠체프 : 그러도록 하지요.

타티야나 니콜라예브나 : 당신은 강인하시잖아요! 엄청난 의지를 가지고 계시죠. 원하기만 하신다면 당신은 모든 걸 다… 그러니 제발… 저희를 용서해 주세요, 절 용서해 주세요!

케르젠체프 : 의지라고요? 네, 맞습니다.

타티야나 니콜라예브나 : 왜 그렇게 바라보시는 거죠. 절 용서하기 싫으신 건가요? 그러실 수 없으세요? 하느님 맙소사, 이건 정말… 끔찍하군요! 도대체 누구의 잘못인가요. 도대체 무슨 이런 삶이 다 있냔 말이에요, 하느님! (조용히 운다.) 모든 걸 다 두려워해야만 하다니. 아이들 때문에 두려워하고, 그게 아니면 또… 용서해 주세요!

(침묵이 흐른다. 멀리서 타티야나를 바라보는 케르젠체프의 모습이 뚜렷이 보인다. 케르젠체프의 얼굴이 갑자기 밝아지더니 표정이 확 바뀐다.)

케르젠체프 : 부인, 나의 벗이여, 그만하십시오. 왜 이러십니까! 농담한 걸 가지고 말입니다.

박선진

계명대학교 노어노문학과 학사
러시아 상트페테르부르크국립대학교 러시아문학부 석사
러시아 상트페테르부르크국립대학교 러시아문학부 박사
現 계명대학교 외국어문학부 러시아어문학전공 조교수
現 토르플 감독관 (토르플 공인 4단계 보유)
現 대구지방법원 러시아어통번역인
現 한국·러시아협회 사무국장

박선진은 미하일 레르몬토프의 《가면무도회》와 레오니트 안드레예프의 《개의 왈츠》, 《생각》, 《예카테리나 이바노브나》, 《스토리친 교수》를 번역·출간하였다. 주요 논문으로는 〈레오니트 안드레예프 희곡의 공간〉, 〈레오니트 안드레예프의 희곡에 나타난 지문 '침묵'의 기능 연구〉, 〈레오니트 안드레예프의 창작에 나타난 초인 형상 연구〉 등이 있다.

러시아어 번역 실습

초판 1쇄 발행 _ 2019년 6월 28일

저　　자 • 박 선 진
발 행 인 • 정 현 걸
발　　행 • 신 아 사
인　　쇄 • 대명프린팅
출판등록 • 1956년 1월 5일 (제9–52호)
주　　소 • 서울시 은평구 통일로 59길 4 (2F)
전　　화 • 02)382–6411 · 팩스 02)382–6401
홈페이지 • www.shinasa.co.kr
E–MAIL • shinasa@daum.net

ISBN 978–89–8396–355–0 (93790)

정가 11,000원